試してみたくなる
「となりの園」の工夫とアイテム

保育室には アイデアがいっぱい

監 修　百瀬ユカリ（日本女子体育大学教授）
編 集　『新 幼児と保育』編集部

小学館

はじめに

こだわりのアイテムから子どもを大切に思う気持ちがあふれている!

「季節感を出したい」「家庭的な雰囲気で落ち着いた空間にしたい」など、保育に携わるみなさんは、子どもたちと過ごしている保育室の環境構成について日々、いろいろと工夫されていることでしょう。その時期の子どもの成長・発達にふさわしいかどうかも、常に考えていらっしゃると思います。「自分の行っている保育の環境を見直してみたい」、あるいは「これでよいのか確かめてみたい」といった気持ちに対して、お役に立てるのが本書の内容です。

かつて保育者であった私は、新人保育者時代は特に「隣の保育室はどのようにしているのかしら?」と気になったものでした。また、感染症予防に配慮が必要とされる社会情勢において、みなさんも「ほかの園はどのようにしているのだろうか」と聞いてみたい、見てみたいといった気持ちが起きたこともあるでしょう。

「ほかの園を見てみたい」「たくさん見てマネしたい!」にお応えして、本書には25園の、199個のアイデアが掲載されています。さらに保育者自身が過ごしやすくなる工夫を発見できることも、この本の魅力でしょう。ご自身の園にはない視点でのアイテムを発見したら、ぜひ取り入れていただきたいと思います。

本書で紹介されている収納家具やおもちゃなどは、言い換えると「物的環境」の一部です。保育室内の環境構成には、そこで過ごす子どもの生活習慣の自立を援助するものと、遊びのためのものに大別されます。それぞれのものから、「自分のことは自分でできるようになってほしい」「好きなもので夢中になって遊んでほしい」など、保育者の願いやアイデアに込められた意図が伝わってきます。

「これはすでに自分の園でも行っている」というものもあるでしょう。また、保育室の構造の都合などで、自分の園ではどうしてもマネできない内容もあるかと思います。その場合は本書に登場する保育者のみなさんの、子どもを大切に思う気持ちを感じ取ってみてください。そして読者のみなさんそれぞれの園での「こだわりアイデア」に生かされていくことを期待しています。

2023年春　百瀬ユカリ

本書の4つの特色

1 現場発の199のアイデア

「ほかの園を見てみたい」「たくさん見てマネしたい!」そんな読者の声に応える形で生まれた企画です。

『新 幼児と保育』編集部が25の園を訪問して保育者のみなさんにお話をうかがい、厳選したアイデアを199案掲載しています。

2 すべてのアイデアを写真つきで紹介

収録しているアイデアはすべて写真つきで紹介しています。モノだけでなく、使用場面がわかる写真を添えているものもあります。

こだわりアイデア おもちゃのアイデア

使用場面がわかるような写真も添えています。

取材協力園ごとにアイデアを紹介しています。

こだわりアイデア 収納家具・小物のアイデア

こだわりアイデア インテリア・装飾のアイデア

こだわりアイデア 遊具のアイデア

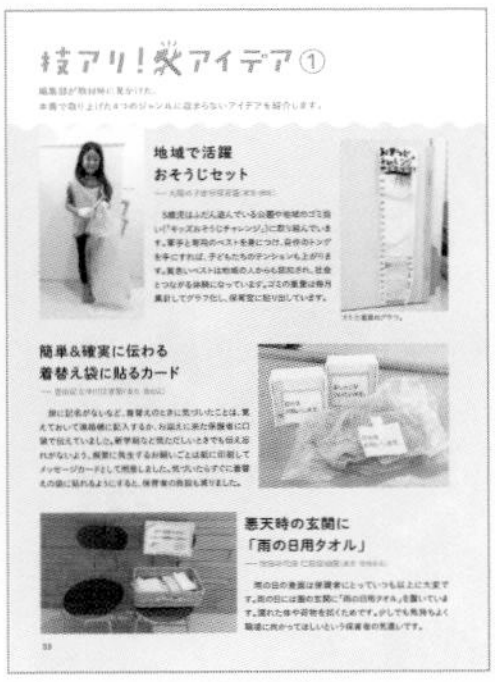

技アリ! アイデア

3 色でわかる4つのジャンル

おもちゃ —— 64案
遊具 —— 25案
収納家具・小物 —— 36案
インテリア・装飾 —— 68案

の4つのジャンルのアイデアを紹介。ジャンルごとに見出しの色を変えてあります。たとえば「おもちゃのアイデアを知りたい」というときには、水色で書かれた見出しで始まる部分を拾い読みすることができます。

4つのジャンルに収まらないアイデアを、「技アリ! アイデア」として6案掲載しています。

4 0・1・2歳児クラスのアイデアが充実

収録しているアイデアのおよそ半分は、0・1・2歳児クラスのものです。特定の年齢ならではのアイデア、どの年齢であっても活用できるアイデアの両方を掲載しています。

※園の情報や保育者の役職名、担当年齢などは取材当時のものです。※各アイデアの4つのジャンル分けは、編集部が行いました。

もくじ

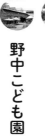

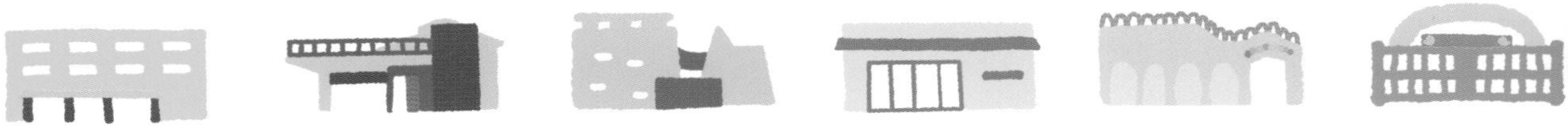

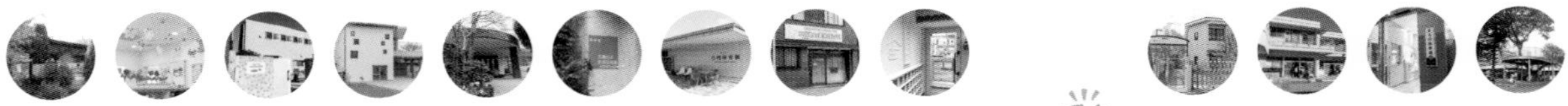

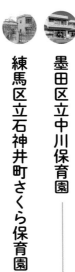

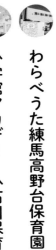

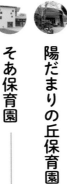

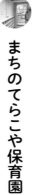

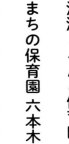

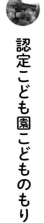

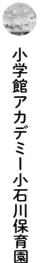

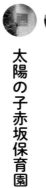

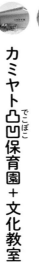

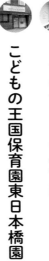

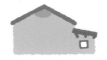

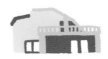

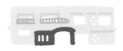

左からお買い物遊び、ままごと道具、お化粧遊びの区画。

こだわりアイデア1

作りつけの遊べる棚

1歳児室にある作りつけの大きな棚は、一つひとつの区画に遊びのテーマがあります。ままごと道具を並べたり、手作りのおもちゃボードを置いたり、お化粧遊びのコーナーにしたりしています。中に入って遊ぶ区画も2か所あり、子どもたちは狭い空間の中で遊んだりくつろいだりしています。

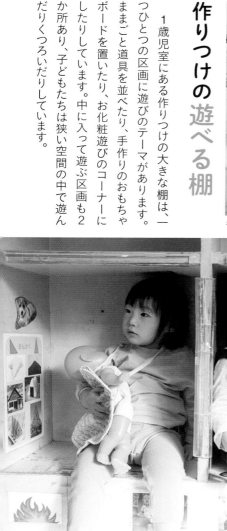

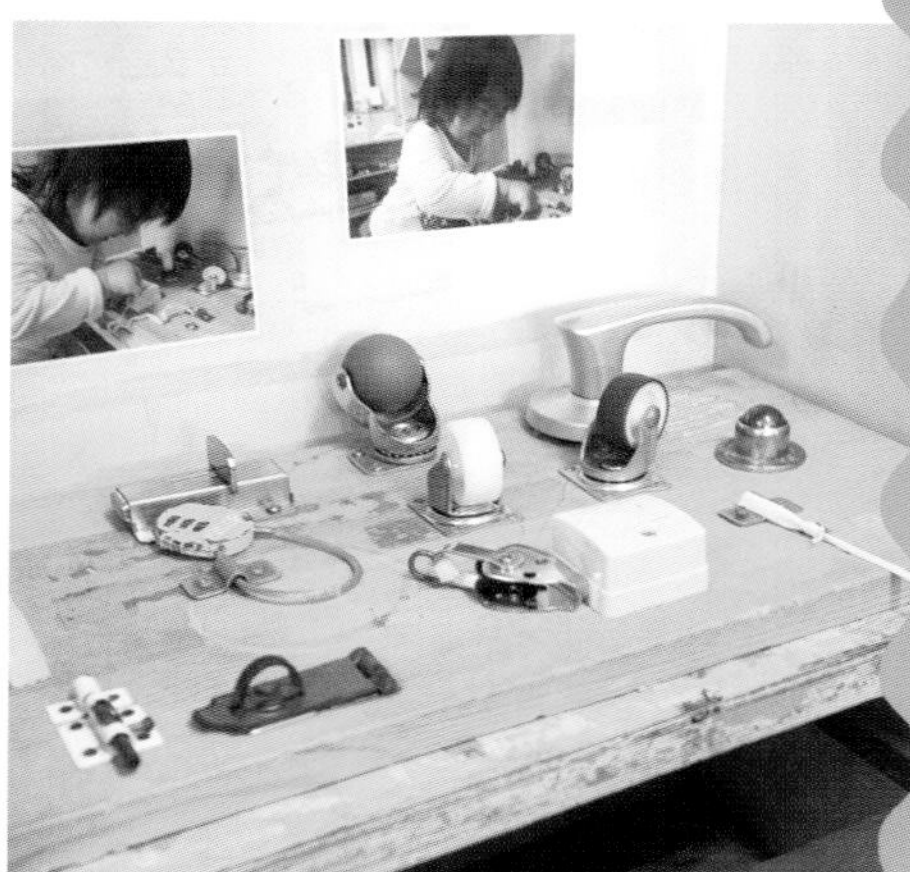

手作りのおもちゃボード。

中に入って遊ぶ区画。

多摩川保育園

（東京・大田区）

区立保育園として設立され、2013年より社会福祉法人仁慈保幼園が運営している認可保育園。家庭的な雰囲気の中で、一人ひとりの自発性・創造性を育んでいる。0～5歳児、定員115名。

アイデアを紹介してくれた先生

左から1歳児担当古城結那先生、松田ひとみ先生、水間由佳先生。

左から0歳児担当前列赤羽友子先生、江口茉里奈先生、髙橋由衣先生。後列左から関口美穂先生、佐藤ほのか先生、土子麻衣子先生。

※園の情報、アイデアは取材した2022年1月時点のものです。

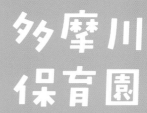

上から時計回りにみかんの皮、かつお節、紅茶のパックを入れたマグネットケースと、素材を入れる前のマグネットケース。

こだわりアイデア2

においを嗅いで楽しむおもちゃ

五感の刺激は乳幼児期の心身の発達に大切だといわれていますが、嗅覚を積極的に楽しむような既製のおもちゃはあまりありません。そこで、香りが楽しめるおもちゃを作りました。

紅茶のパック、かつお節、みかんの皮、ハーブなど強い香りの素材をそれぞれマグネットケースに入れ、ふたには小さな穴をたくさんあけてあります。0歳児、1歳児がケースに鼻を近づけて楽しんでいます。

こだわりアイデア3

バランスクッションで見立て遊びも

1歳児室のおもちゃ棚には、バランスクッションがあります。子どもは好きなときに取り出して、上に立ったりすわったり。不安定さや不思議な感触を味わっているようです。体幹を鍛えるという本来の用途だけでなく、クッションを足の間にはさんでバイクに見立てて遊ぶ様子も見られました。

バランスクッションをバイクに見立てて遊んでいる。

子どもの歩幅に合わせて足跡を貼った2歳児室の戸口。

こだわりアイデア4

足跡シール ゆっくり歩きを促す

2歳児室からトイレまで移動するとき、走る子どもがいました。困っていたときに、床に足跡を貼ることを思いつきました。足の形は子ども・保育者からとったもの。子どもは足跡を踏みながら、ゆっくりと移動するようになりました。戸口には「止まれ」の標識も貼りました。

窓から棚にシェードを垂らした状態。天蓋（てんがい）とシェードで天井からの明かりが遮られて、日没後は薄暗い空間になる。

こだわりアイデア5

0歳児用の 光を使った遊びのコーナー

0歳児室の一角を「光のコーナー」としています。窓に貼ったセロハンを通して、日の光がコーナーをカラフルに彩ります。光を使って遊ぶ手作りおもちゃもいろいろ用意しています。ペットボトルやプラスチック容器、ファスナーつき保存袋に水中LEDライトと水を入れたおもちゃは、リモコン操作で点灯・消灯ができます。スイッチのついたライト、手で押すと点灯するライト、セロハンを入れたクリアケースなどもあります。日没後は窓枠から棚の上にかけてシェードを垂らします。ライトで照らして影絵遊びもできます。

天蓋にはセロハンなどをのせている。

光を楽しむいろいろなおもちゃ。

こだわりアイデア6

美しい水音に 癒やされる 音のおもちゃ

スチール缶2本の飲み口をつなぎ合わせ、ビニールテープで幾重にも巻いたおもちゃで、中には水が入っています。上下を逆さにするたびに、上の缶から下の缶に水が流れ落ちる音が聞こえます。

缶の中で反響する美しい音に、子どもは動きを止めて聞き入る。

こだわりアイデア7

困りごとから生まれたおもちゃ テープはがし

透明のテープで表面を覆ったダンボール板に、布粘着テープを貼り、0歳児室の壁に取りつけています。黄色い布粘着テープをはがすとき、その感触や音を楽しむおもちゃです。子どもが掲示物をはがしてしまうことに困っていた中で思いついたアイデアです。

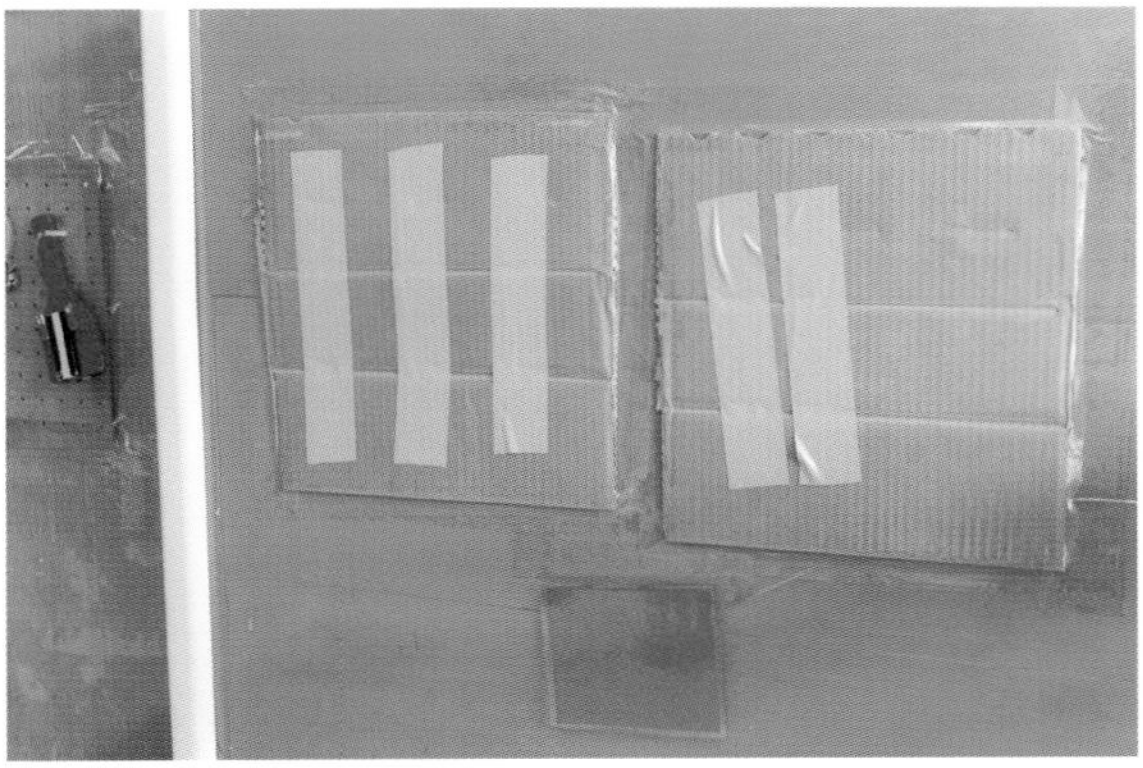

透明テープで壁に貼りつけたテープはがしのおもちゃ。

こだわりアイデア8

本物っぽさにこだわったままごとの調味料

ままごとに使う調味料は、本物っぽさにこだわって作りました。マヨネーズとソースは市販品の空き容器を使い、中に毛糸を入れています。塩、コショウ、ふりかけは透明容器にそれぞれ本物を入れて、透明テープで密封しました。牛乳は、市販の牛乳パックの空き容器に水を入れて栓と透明テープで密閉。持ったときの重みや振ったときの液体の音がリアルで、ままごとに真剣になります。

左から牛乳、ソース、マヨネーズ、塩、コショウ、ふりかけ。

こだわりアイデア9

週に1回だけリセットするブロック遊びコーナー

3・4・5歳児室には、大がかりなブロック遊びに取り組めるコーナーがあります。大量の積み木やブロックを使って共同製作に挑む子どもたちもいます。途中でやめてもあとで続きができるように、片づけるのは週に1回だけ、毎週木曜日と決めています。「今日は片づけなくてもいい」とわかっていれば、安心して遊び込むことができます。「もくようびのおかたづけ」の際は、子どもたちが自主的に片づけに取り組みます。

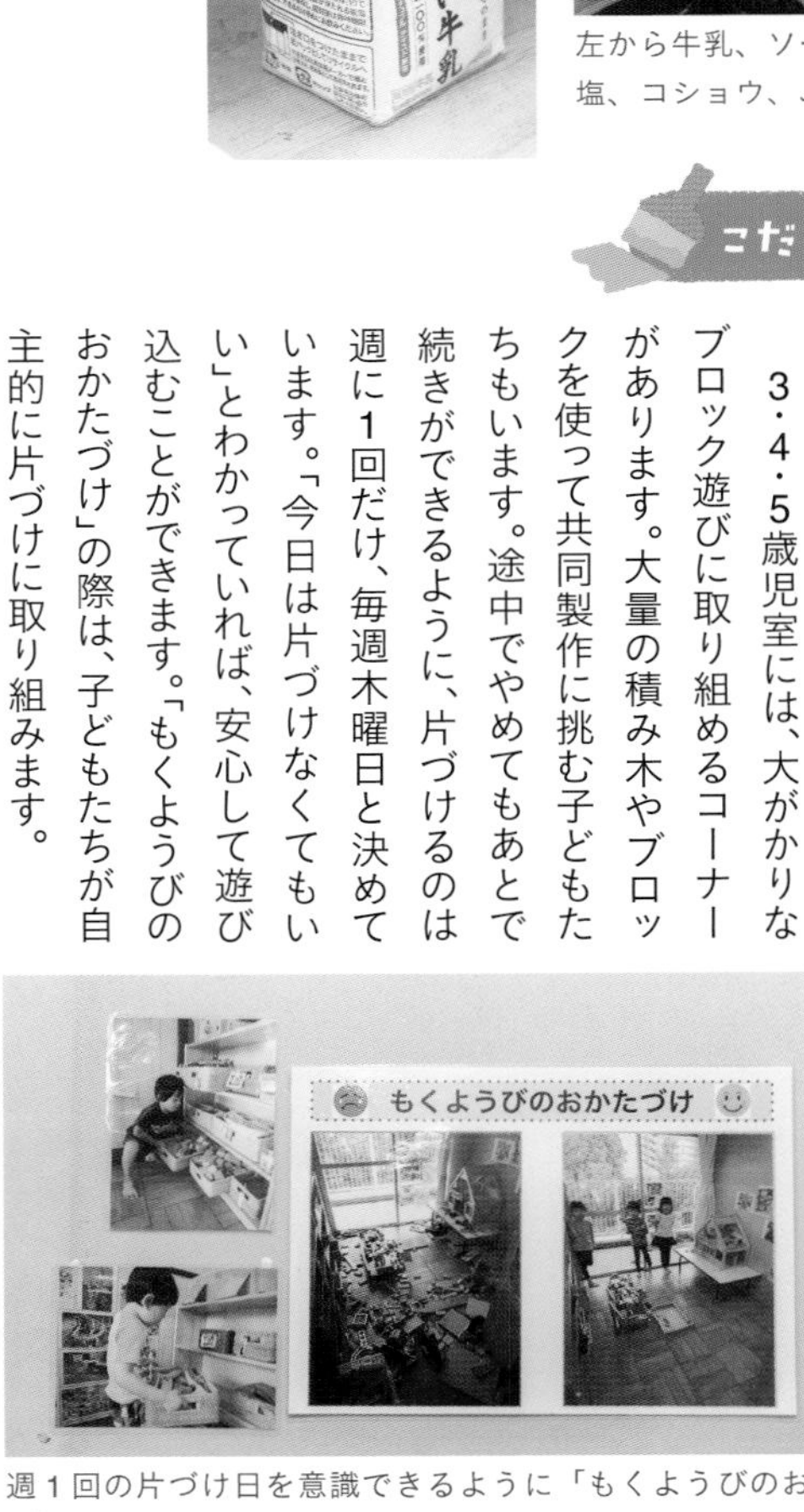

週１回の片づけ日を意識できるように「もくようびのおかたづけ」の写真がコーナーのそばの壁に貼られている。

にじのき保育園

（千葉・市川市）

株式会社にじいろキャンバスが2018年に開園。「共に過ごし、共に育つ」という方針を大切にして環境を設定している。0～2歳児、定員17名。

こだわりアイデア1 動線を意識して配置した家具

0歳児・1歳児・2歳児合同の保育室を壁で仕切らずに、家具でコーナーに分けています。通路になる場所は幅を広くとり、静かに出入りしてほしい「ままごとコーナー」の出入り口は狭くするなど、言葉で説明しなくても行動を促せる動線にしています。

内装や家具の素材には木を選ぶようにしています。特に新学期、子どもは新しい環境に置かれてストレスを感じやすいものですが、目に優しく、手狭な中でもすっきりと落ち着いた雰囲気をつくり出すことを意識しています。

0・1・2歳児がひとつの大きな部屋で過ごす。大人が立つと各コーナーの子どもたちの様子を見渡すことができる。

ままごとコーナーの出入り口はあえて狭くしている。丸座布団の色は、木の床や家具に調和したベージュを選んだ。

玄関から入って上着かけ→靴箱→ロッカーへと続く通路は、幅を広くとって家具を配置。

アイデアを紹介してくれた先生

上段左から0歳児担当ともちゃん、はるちゃん、1歳児担当あみちゃん。下段左から1歳児担当ひとちゃん、2歳児担当ちかちゃん、異年齢フリーいっちゃん。

※園内では保育者も子どもも愛称で呼び合っています。

※園の情報、アイデアは取材した2021年12月時点のものです。

こだわりアイデア2

新しい色を発見 ウオーターブロック

色水の入ったウオーターブロックを棚の上に置いています。ふたつの色を重ねると別の色が生まれることを、知識ではなく体験を通して知ってほしいという思いから選びました。棚の上は子どもの目に入りやすい場所なので、積極的におもちゃを置くようにしています。

重ねた黄色と青色のウオーターブロックが緑色に見える。

こだわりアイデア3

つい引き寄せられる 深緑色の丸座布団

さまざまな形状の窓が開いたパーティション。窓の縁にミニカーを走らせる遊びなどを楽しむ。

通路の端の、パーティションが並ぶ場所が人気です。床に置かれた深緑色の丸座布団が目をひきます。ままごとコーナーなどでは木の床の色に近いベージュの丸座布団を置いていたのとは対照的です。丸座布団が目に飛び込んでくることで、「(通路だけど)ここにすわっていい」と認識しやすくなる効果を狙っています。新入園児もすんでここにすわって遊びます。

こだわりアイデア4

みんなで世話をする植物

室内には観葉植物の鉢を置き、ロッカーの上では季節ごとの植物や野菜を水耕栽培しています。子どもたちが協力しながら世話をしています。自然物が醸し出す温かな雰囲気は、心を穏やかにしてくれるようです。植物が育ち、枯れていく姿からもいろいろ感じ取っていることでしょう。

春菊の水耕栽培。近くの畑で間引き作業を子どもたちが眺めていたところ、農家の方から分けてもらった経緯も、併せて掲示してある。

保育室中央付近のパキラの鉢植え。

こだわりアイデア5

自由に組み合わせを変えて遊べる 感触遊びマット

ジョイントマットに1枚ごとに人工芝やタイル、足形など異なる素材を貼りつけました。子どもの発達や興味に合わせて組み合わせを変えて遊んでいます。手や足で触れて感触を楽しみます。

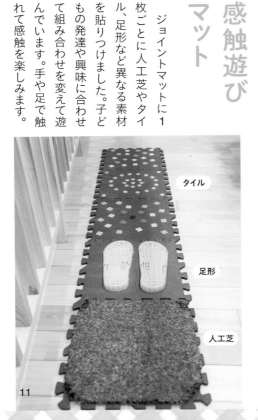

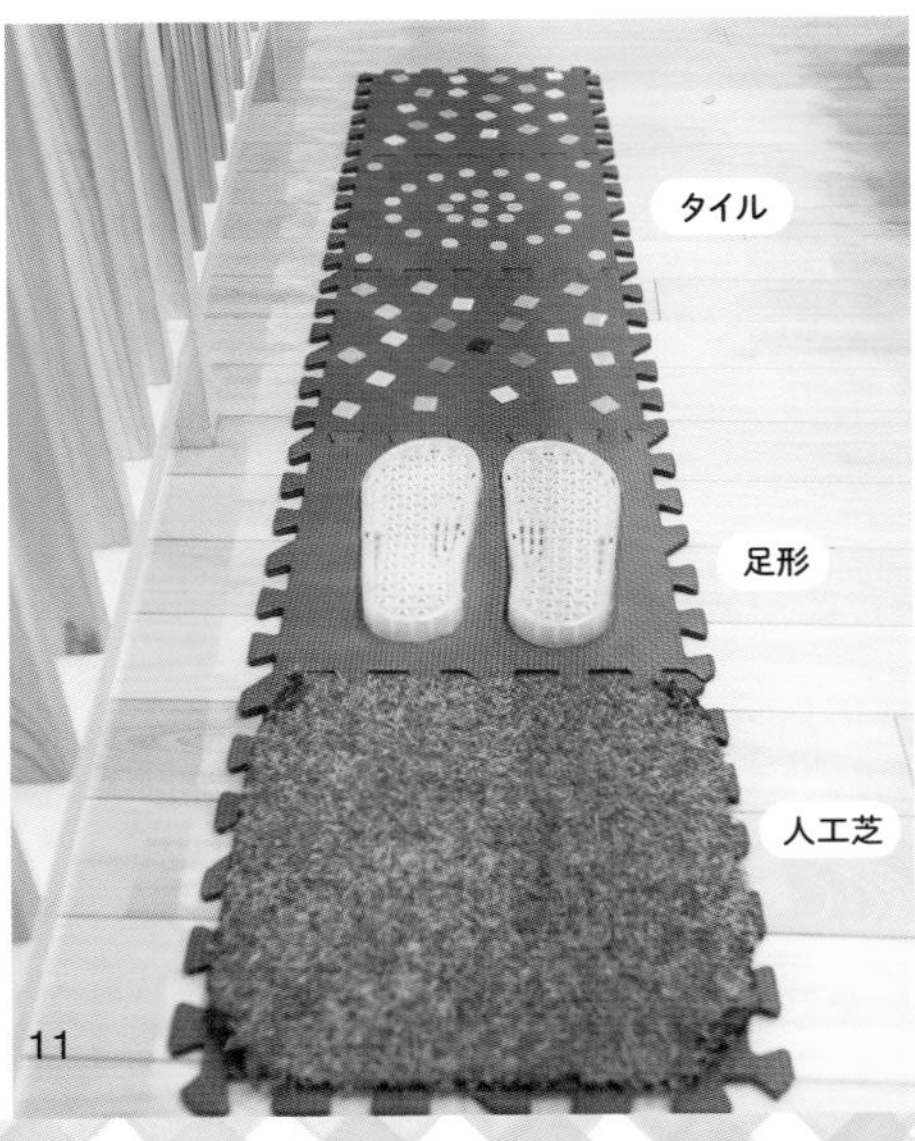

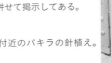

遊びの空間（ロールスクリーンの向こう側が食事の空間）。

こだわりアイデア6

手早く空間を仕切る ロールスクリーン

昼食の準備時間になるとロールスクリーンを天井から下ろし、保育室を食事空間と遊び空間に分けます。保育者は昼食準備の担当と子ども側の担当に分かれます。子どもたちの視界が遮られ、食事の直前まで遊びに集中できます。手早く部屋を仕切ることができ、カーテンのように揺れたり場所をとったりしないのも、ロールスクリーンのいいところです。

食事の空間。

こだわりアイデア7

小さな手に合わせてオーダー 益子焼の食器

給食で使う益子焼の食器は、年齢に合う大きさ、形状のものをオーダーメイドしました。乳児用の湯飲み（下の写真の右下）には持ちやすくくぼみをつけてあります。適度な重みもあり落とせば割れますが、子どもは割れない食器よりも丁寧に扱います。子どものころから「本物」に触れてほしいという思いもあります。

取材当日の給食の盛りつけ。

右側の4点は益子焼の食器。洋食など和食器に合わないおかずは左側の白い皿を使う。

こだわりアイデア8

毎日変化する「びじゅつかん」

ロッカーの上を「びじゅつかん」と呼び、作品展示スペースにしています。イベントとして定期的に入れ替えをするのではなく、日常の粘土遊び作品を置いたり、子どもが散歩で拾ってきた枝や葉を飾ったり、展示内容は毎日のように変化します。製作時のエピソードや活動内容を書いたカードを添えて、保護者にも子どもの日常を知ってもらえるようにしています。保護者もほっとできるようなスペースになればと願っています。

こだわりアイデア9

両側に写真を貼ったおもちゃ収納棚

おもちゃ収納棚にはどこに何をしまうのかがわかるように、おもちゃの写真を貼っています。両側から出し入れができる棚なので写真も両側に貼り、少しでも片づけしやすいようにしています。

枝や葉も子どもが選んで拾ってきた「作品」。

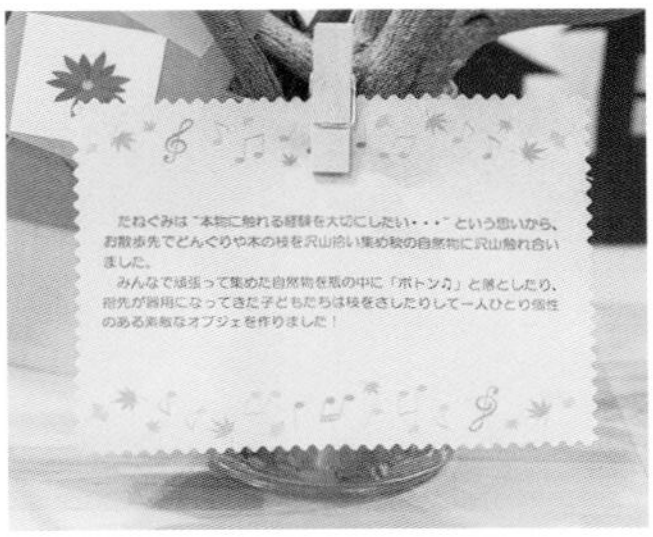

活動の様子を伝えるカード。

こだわりアイデア10

切り株のような４つの台は、牛乳パックを詰めて作ったオリジナルの遊具。

雨の日はガード下でアスレチック

にじのき保育園は鉄道のガード下にあります。園の裏口を出たところは鉄道会社が管轄する広い通路ですが、鉄道会社にお願いして一部を遊びに使わせてもらっています。アスレチック遊具を並べ、雨天でも屋根つきの園庭のように体を動かして遊べます。一般の人も通行する場所ですが、地域に認知してもらい、見守られ、地域の人との交流にもつながっていけばと考えています。

認定こども園

あかみ幼稚園・メイプルキッズ

（栃木・佐野市）

学校法人中山学園が1959年に赤見幼稚園を設立、2015年幼保連携型認定こども園あかみ幼稚園と保育所型認定こども園メイプルキッズになる。子どもたちが思い切り遊べる環境づくりを大切にしている。あかみ幼稚園は3〜5歳児、定員225名、メイプルキッズは0〜2歳児、定員70名。

アイデアを紹介してくれた先生

左からあかみ幼稚園保育指導主任久保ともみ先生、メイプルキッズ保育指導主任増田なおこ先生。

※園の情報、アイデアは取材した2022年5月時点のものです。

こだわりアイデア1

引っぱってOK！の吊るし飾り風遊具

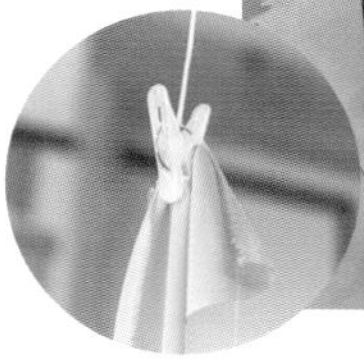

1歳児室の天井から洗濯ばさみを吊り下げ、細長く切ったオーガンジーをはさんでいます。手を伸ばしてつかみ、強く引っぱると外れるのが楽しい遊具です。布の下端は輪にして、ゴムホースを切ったものを差し込んで重りにしています。

天井に吊るされた装飾のモビールに盛んに手を伸ばし、つかもうとする1歳児がいたのを見て思いつきました。

こだわりアイデア2

折りたたみ可能なダンボールハウス

1歳児室に置かれたこのダンボールハウスで、子どもたちは中から「バア！」と顔を出すのが大好きです。ハイハイの姿勢で入る小さな出入り口と、大きくあけた窓には布粘着テープで縁取りがしてあります。色紙をちぎってランダムに貼り、表面はコーティングもしてあり丈夫です。

屋根がないので、使わないときには平らにして片づけられて、別の保育室に貸し出すときにも軽くて運びやすく便利です。

こだわりアイデア3

当たっても痛くないままごとの包丁

2歳児のままごと遊びの包丁は、以前は既製品のおもちゃを使っていましたが、ぶつけて痛い思いをした子どもがいたため、保育者がダンボールで手作りしました。刃の部分にグレー、柄の部分に黒のビニールテープを巻きつけたシンプルな作りなのに、本物っぽさが感じられます。写真の食材はフェルトで手作りしたもの、まな板は市販の本物です。

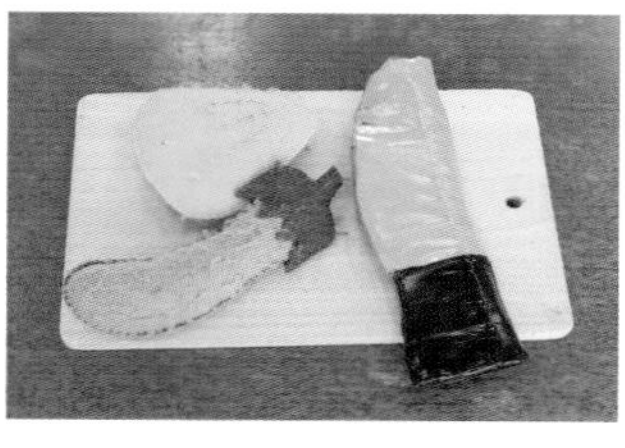

こだわりアイデア4

つかまり立ちも促す 大型ポットン落とし

0歳児室にはダンボール箱を利用して作った、大きなポットン落としがあります。天板にあけた丸い穴からボールを入れると、内部に斜めに渡したダンボール板を滑って、側面の四角い穴からボールが転がり出てくる仕組みです。天板の穴には排水口用の菊割れゴムをのせ、結束バンドで固定しています。中が見えないので思わず手を入れてみたくなります。

0歳児が立つと天板は胸の高さです。この遊具で遊びたい子どもが盛んに手をかけて、つかまり立ちをしています。

0歳児がつかまり立ちをして、ボールを入れようとしている。

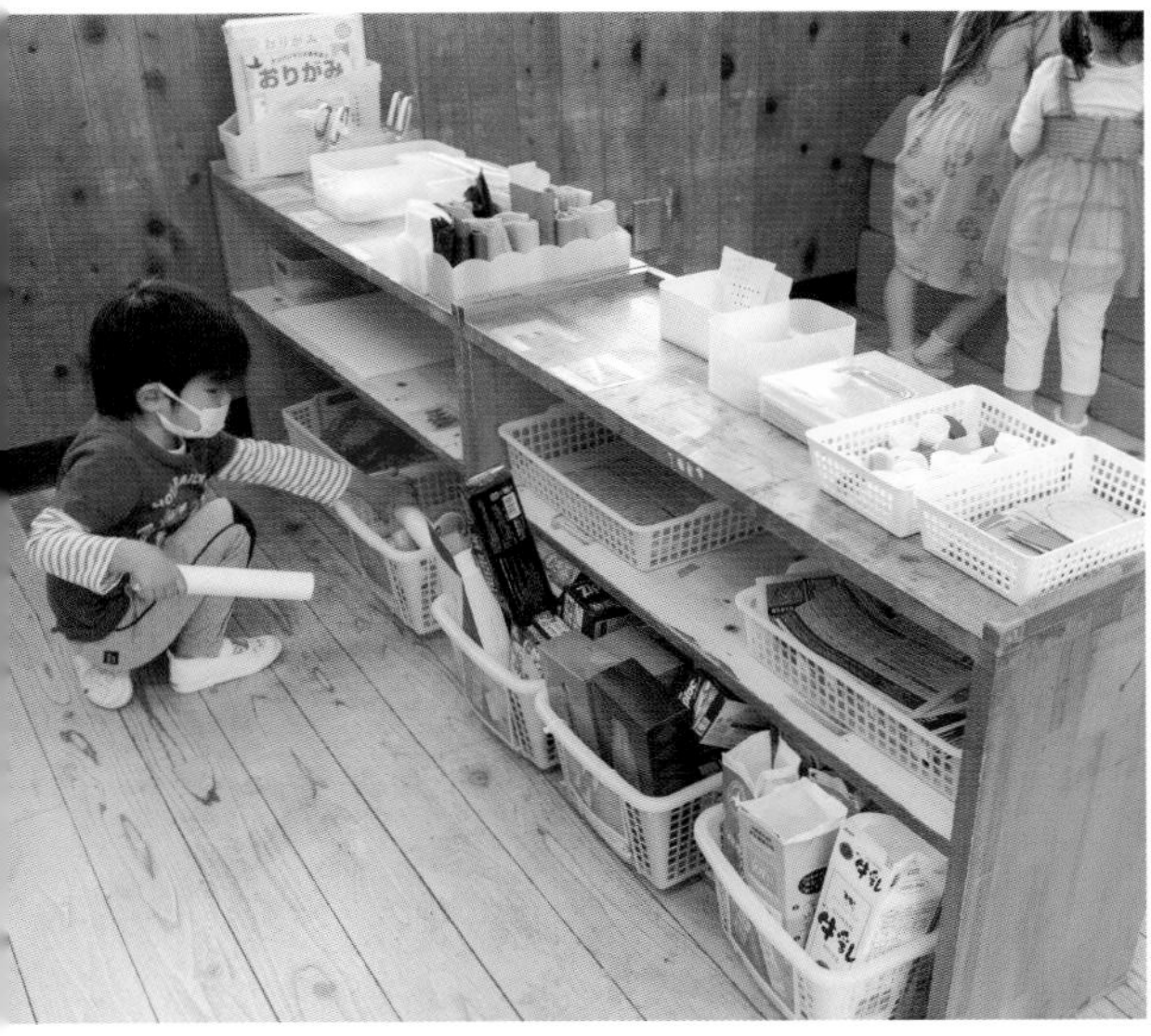

4歳児室の製作コーナー。

こだわりアイデア5

各年齢に合わせ素材を用意する 製作専用棚

3歳児、4歳児、5歳児の各部屋には製作の材料を集めた棚があります。時期や各年齢の技能に応じた素材や道具を収納しています。

たとえば4歳児の製作コーナーには、色紙、丸シール、折り紙、さまざまな色のおはながみ、荷造り用ひも、広告チラシ、牛乳のパック、ティッシュペーパーの箱、ペットボトルのキャップなどの素材を用意しています。

子どもたちは自由に製作の素材を取り出し、道具を出し入れしています。

5歳児室に置かれている布の素材。はさみで切るときに力やコツがいるので、5歳児室だけに置いてある。

4歳児には切りにくい荷造り用ひもは、あらかじめ使いやすい長さに保育者が切って用意してある。

用意された丸シールの中には、白いシールに保育者が目を描いた目玉シールも（4歳児室）。

こだわりアイデア6

本物の五徳を使った「コンロ」でままごと遊び

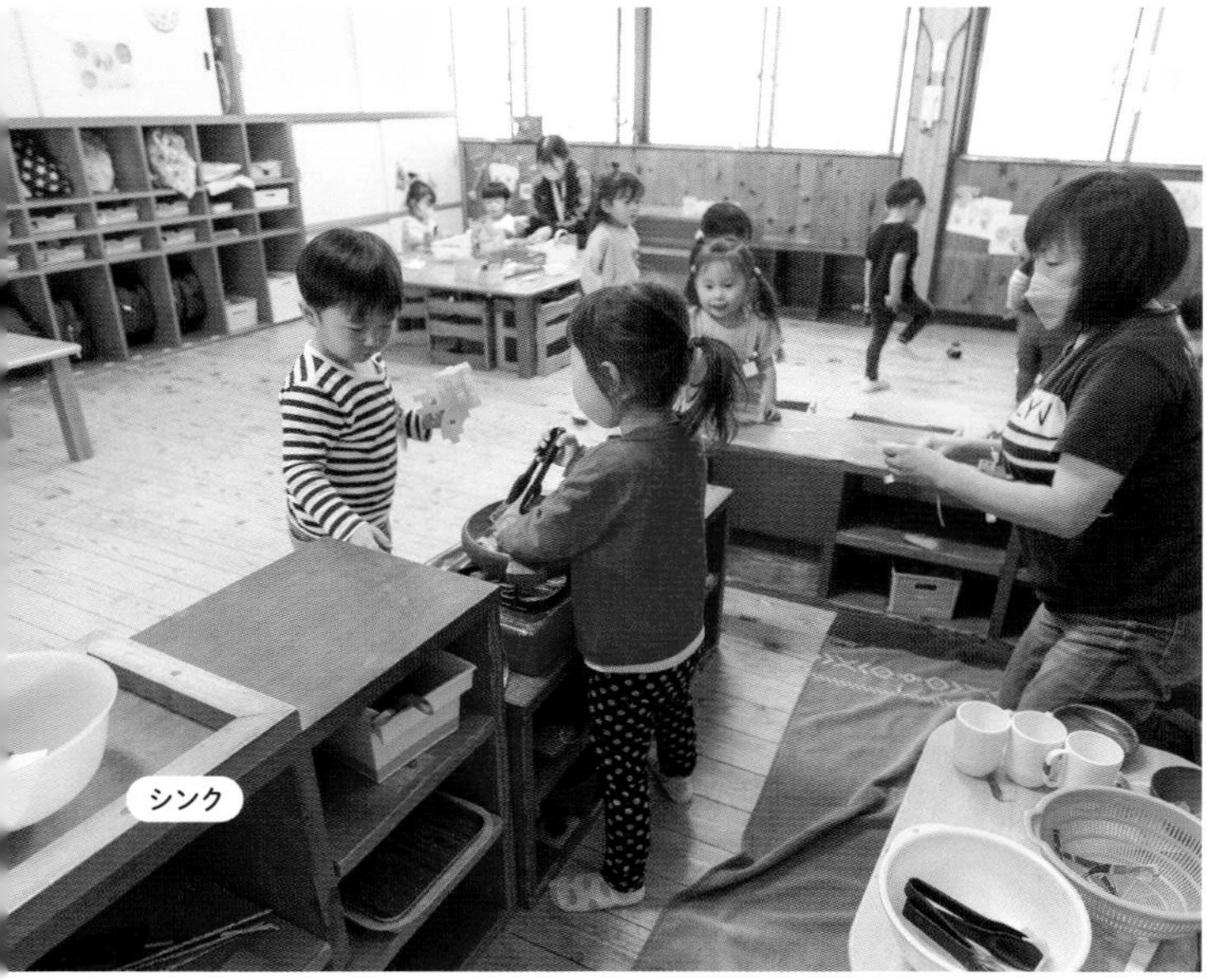

左の写真は3歳児室のままごとコーナーです。「シンク」をつけたままごと遊び用の既製品の棚に、収納棚を組み合わせました。

コンロはダンボール箱に本物の五徳をのせて、赤と黒のビニールテープを巻いて固定したものです。

こだわりアイデア7

穴の大きさや形が違うポットン落とし

食品保存容器のふたにカッターで穴をあけ、ポットン落としのおもちゃを1歳児用に作りました。大小の丸や四角の穴は、縁をテープで覆っています。

落とすのは、太さの違う2種類のホースを短く切ったものです。

一番大きい円形の穴に、太い方のホースを落とすところ。

こだわりアイデア8

手指の発達も促す1歳児と2歳児の帽子かけ

外遊びのときに帽子を自分で取り出したりしまったりできるように、1歳児と2歳児の手指の発達段階を踏まえた帽子かけを手作りしました。保育室の出入り口に、子どもの手が届く高さに設置しています。

1歳児用はウオールポケットタイプで、2歳児用は洗濯ばさみを利用したクリップ式です。自分のポケットやクリップの場所がわかるように、名前とマークがついています。

2歳児のはじめのうちはクリップの操作が難しく、帽子を引っぱって取る姿もありますが、何回もやるうちに指先ではさみ、外せるようになっていきます。

2歳児用のクリップ式の帽子かけ。

1歳児用のウオールポケットタイプの帽子かけ。

こだわりアイデア9

年齢により素材が違う大型積み木

5歳児と4歳児の保育室の一角に、大型積み木を積んでいます。5歳児室は木製のもの、4歳児室は軽くて手触りが柔らかいウレタン製積み木です。大型積み木で作った「お店」で、5歳児室ではアイスクリーム屋さん、4歳児室ではドーナツ屋さんごっこが始まろうとしています。

板張りの床や壁に近い色合いなので、いずれの大型積み木も、内装によくなじみ威圧感がありません。

5歳児室の木製積み木。

4歳児室のウレタン製積み木。

こだわりアイデア10

抱っこひも用よだれカバーを便座カバーに転用

便座にすわったときのひやっとする不快感は、子どもをトイレから遠ざける一因になります。冷たさを和らげるために幼児用便座に合う大きさのカバーを探しましたが、市販されていなくて困っていたところ、抱っこひも用よだれカバーを便座カバーに転用することを思いつきました。便座にかぶせてみると大きさはぴったりでした。取りつけ、取り外しが簡単にできるのも便利です。

こだわりアイデア11

トイレの立つ位置を示す足跡マーク

男の子用の小便器で、あと1歩前に立つように、立つ位置の床にサルやカエルの足跡のマークを貼りました。おしっこを失敗しないようになり、保育者の掃除も楽になりました。

正面の壁には消防車やごみ収集車など人気の乗り物の写真を貼った。

野中こども園
（静岡・富士宮市）

社会福祉法人柿ノ木会が1969年に野中保育園を開園、2018年に幼保連携型認定こども園野中こども園に移行。一人ひとりの子どもの人格を尊重し、活動を通じた主体性の育成に努める。0〜5歳児、定員147名。

アイデアを紹介してくれた先生

副園長中村章啓先生

ボードの表面は透明フィルムでカバーをし、色紙がはがれないようにしている。

こだわりアイデア1

3歳児の切り紙遊びから生まれた パーティション

0歳児室でひときわ目立つパーティションは、3歳児が色紙を切り貼りして楽しんだボードを再利用して作ったものです。牛乳パックに重しを入れて作った脚にはさみ込み、倒れないようにしています。年齢が異なる子どもたちの製作物が置かれていると、そこにいなくても、異年齢で一緒に生活していることを意識します。

こだわりアイデア2

見立てを楽しむ ゴムホースの輪

ゴムホースを輪にしてビニールテープでとめたおもちゃで、0歳児はハンドバッグのように腕や肩にかけたり、自動車のハンドルに見立てたり、思い思いに遊んでいます。柔らかい感触や形が変わるおもしろさを楽しんでいる子どももいます。

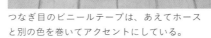

つなぎ目のビニールテープは、あえてホースと別の色を巻いてアクセントにしている。

※園の情報、アイデアは取材した2022年5月時点のものです。

こだわりアイデア3

適度な重みのある お散歩遊び用の 手作りおもちゃ

牛乳パックにひもをつけてお散歩遊びができるおもちゃを作りました。カラーテープでしま模様をつけた0歳児室用のおもちゃは、子どもが好きなものに見立てて引いて遊んでいます。0・1歳児室用はイヌの形をしています。どちらも、引いたときにずっしりとした手応えが感じられるように、重しを入れています。

0・1歳児室のおもちゃ。

0歳児室のおもちゃ。

こだわりアイデア4

ひとりにひとつ、手作りの人形

1歳を過ぎると、保護者に手作りの人形をひとつ作ってもらいます。子どもの好みに合わせて作るので大きさも姿もさまざま。年長になるまでずっと一緒に過ごす人形です。おんぶひもも同時に作ってもらい、お世話遊びをしたり一緒に寝たりしています。

こだわりアイデア5

保育室の仕切りを兼ねた遊具

保育室の前のデッキは、遊びのスペースでもあります。写真は0歳児室のスペースと1歳児室のスペースの仕切りを兼ねた遊具で、子どもたちはくぐったり、つたい歩きをしたりして遊びます。この遊具はおうちごっこのログハウスも作れる市販の大型積み木で、さまざまに形を変えることができます。

こだわりアイデア6

メッシュケースを縫いつけた ウオールポケット

0・1歳児室にはキルティング生地にメッシュケースを縫いつけて作ったウオールポケット式の収納があります。メッシュなので中に入れたものが見えるのがよいところです。子どもが自分でおもちゃを出し入れして、ファスナーの開け閉めも楽しんでいます。

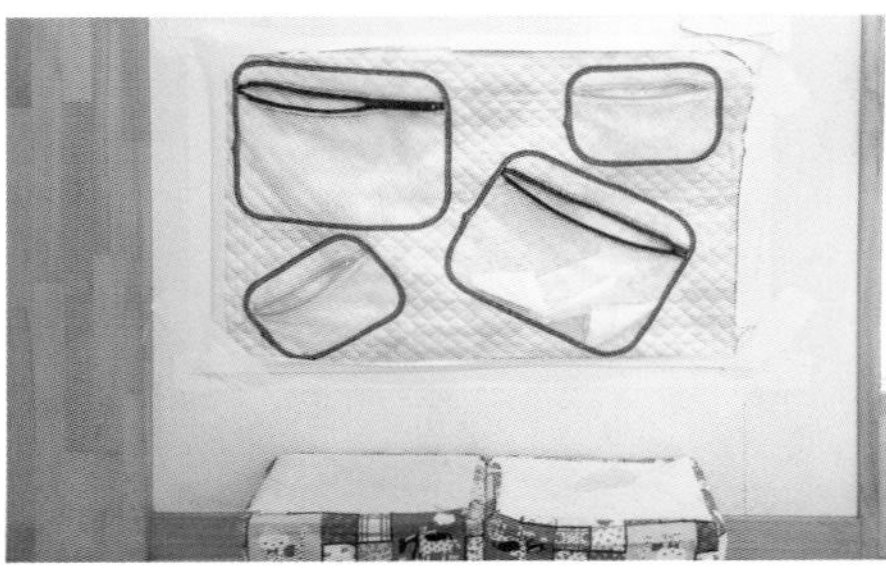
子どもが出し入れをするときには、写真のように踏み台を置く。

細かいところまで丁寧に面取りをしてある。

こだわりアイデア7

優しい印象の カーテン式パーティション

2歳児室には木枠にカーテンを吊り下げたタイプのパーティションがあります。風に揺らぎ、めくって通り抜けもできるので圧迫感がなく、子どもの遊びにも活用されています。用務スタッフがねじや釘を使わず木を接合して作りました。木の温かな質感が保育室を安らぐ空間にしています。

こだわりアイデア8

持ち運びしやすい 軽量パーティション

0歳児室用にL字形に立てて使う軽量パーティションを作りました。ダンボール紙の両面を布で覆って接着剤で貼り、布と布のつなぎ目は縫いとじました。布は生成りの落ち着いた色合いのものを選びました。使わないときにはコンパクトにたたんで片づけます。

サイズ違いで複数作った。

こだわりアイデア9

木製で 適度な重みがある 手押し箱

木の板を使って0歳児が押して遊ぶ箱を作りました。表面には布を貼っています。以前はダンボールで作ったものがありましたが、中に入ったり押したりして遊ぶため傷みやすく、木の板で作り替えました。ダンボール製のものよりも重くなりましたが、押したときに抵抗があるのが子どもにはおもしろいようです。

0・1歳児クラスのクラスカラー、黄緑色のビニールテープを貼ったおもちゃ。

こだわりアイデア10

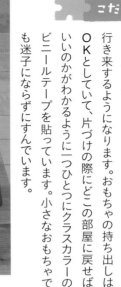

おもちゃの迷子を防ぐ クラスカラーのテープ

1歳以上になると子どもが他クラスの保育室に行き来するようになります。おもちゃの持ち出しはOKとしていて、片づけの際にどこの部屋に戻せばいいのかがわかるように一つひとつにクラスカラーのビニールテープを貼っています。小さなおもちゃでも迷子にならずにすんでいます。

こだわりアイデア11

トイレでの援助が楽になる 保育者用トイレットペーパーホルダー

2歳児用トイレには大人の背の高さに合わせた場所にもトイレットペーパーホルダーを取りつけています。保育者がペーパーを取る際にかがむ必要がなく、トイレで援助するときの体の負担が軽減されて助かっています。

別タイプのわらべうた人形。下の棒を使って、人形を動かす。

こだわりアイデア12

軽やかな足音が楽しい わらべうた人形

園では、わらべうたを積極的に保育に取り入れています。楽器が不要ですぐに覚えられ、手遊びではスキンシップも図れます。フェルトとひもで作った人形は、保育者がわらべうたを歌いながら動かします。床の上で、手から吊り下げて動かせば、ペットボトルのキャップの足が楽しげにリズムを刻みます。わらべうたは音数が少なくおもしろい言葉も豊富です。0歳児から5歳児までが親しんでいます。

東京家政大学ナースリールーム

（東京・板橋区）

学校法人渡辺学園が1967年に開園。ゆったりとした家庭的な雰囲気の中で、一人ひとりの発育や発達に応じた丁寧なかかわりを心がけている。0〜2歳児、定員19名。

アイデアを紹介してくれた先生

左から施設長工藤佳代子先生、0歳児担当稲毛瑞月先生、2歳児担当内木麻未先生。

※園の情報、アイデアは取材した2022年9月時点のものです。

1・2歳児保育室のままごとのキッチン。

こだわりアイデア1

新聞紙で作ったトング

給食のときや、パン屋さんなどで、大人がトングを使う姿に子どもたちは憧れを抱くようです。子どもたちからの要望に応えてトングを手作りしてみました。

新聞紙をかたく巻いて棒状にし、ビニールテープを巻きつけて折り曲げたシンプルなものですが、子どもの手で持ちやすくはさみやすいトングになりました。

こだわりアイデア2

30年にわたって活躍！コルク積み木

ぶつかりあったときの音が柔らかいのがコルク積み木のいいところです。毎日消毒をくり返してきたせいか購入当時より表面がかたくなってきましたがまだ使えます。木製やプラスチック製の積み木と比べて初期費用はかかりますが、最初に買ったコルク積み木はもう30年以上活躍を続けているので決して高いものではないでしょう。

5センチほどの厚みがあり、誤飲の心配がない。

こだわりアイデア3

プリンセスになれる スカートとドレッサー

1・2歳児たちは「プリンセス」に変身するのが大好き！　ドレッサー脇の引き出しには子どもたち一人ひとりのリクエストに応じて裁縫の得意な職員が作った、レース地や色とりどりのサテン地のスカートが収納されています。パフを顔に当てたり、ブラシで髪を整えたりすればプリンセス気分が高まります。

子どもにそれぞれ好きな色を聞いて手作りしたスカート。

こだわりアイデア4

季節を感じさせる モビール

ホールの装飾は、さりげなく季節を感じさせるものを飾っています。たとえば今（9月）は、カラーひもで作った色とりどりのトンボのモビールを天井から吊り下げています。

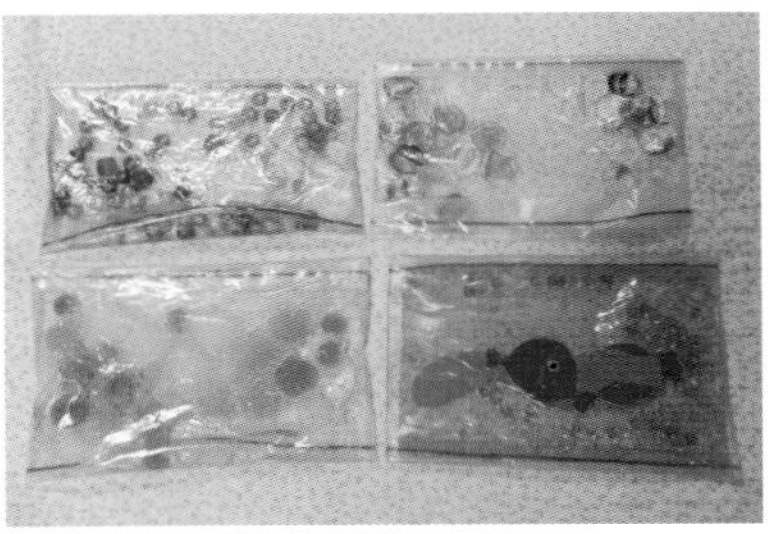

袋の中にはビーズ（左上）、おはじき（右上）、手芸用のポンポン（左下）、ラミネート加工した色紙（右下）が入っている。

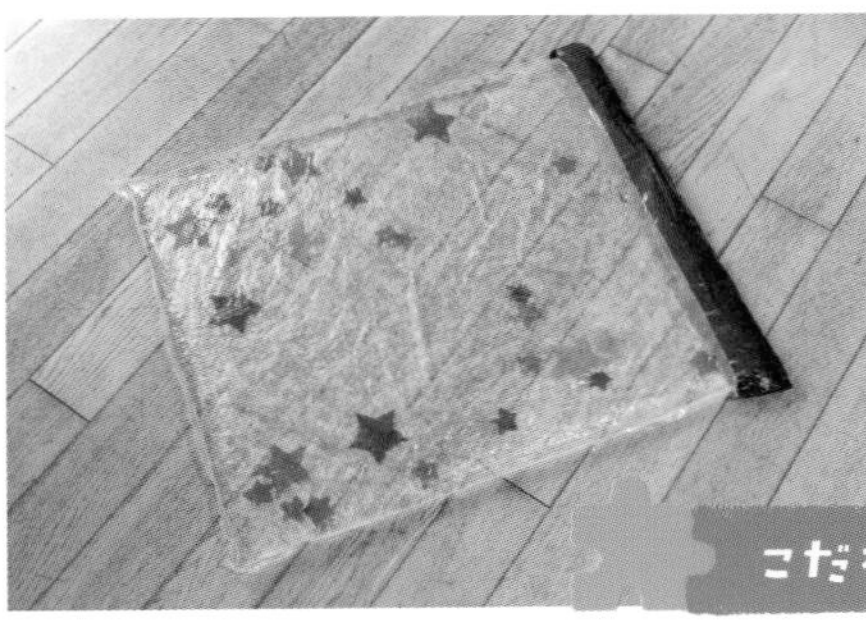

圧縮袋で作った大型のもの。

こだわりアイデア5

感触を楽しむ おもちゃ

ファスナーつき食品保存用袋に、洗濯のりときれいな色のアイテムを入れて、押す感触を楽しむ0歳児のおもちゃを作りました。夏には冷蔵庫で冷やし、ひんやりする感触も楽しみました。ファスナーでとめた口にテープを貼り、洗濯のりが出ないようにしています。

布団や衣類の圧縮袋で作った大きいものは、ウオーターベッドにもなります。ファスナーで閉めた上からさらに布粘着テープを貼って補強してあります。

こだわりアイデア6

不要になったボタンで飾ったアクセサリー

さまざまなボタンを縫いつけた黒いベルベット地のバンドは、ベルトにしたり髪飾りにしたり、リストバンドにしたりして遊びます。

アパレルの仕事をしている卒園児のおばあちゃんが作ってくれました。ボタンのセレクトにセンスのよさが感じられます。美しいものに触れて、子どもたちのセンスも磨かれていくのではないでしょうか。

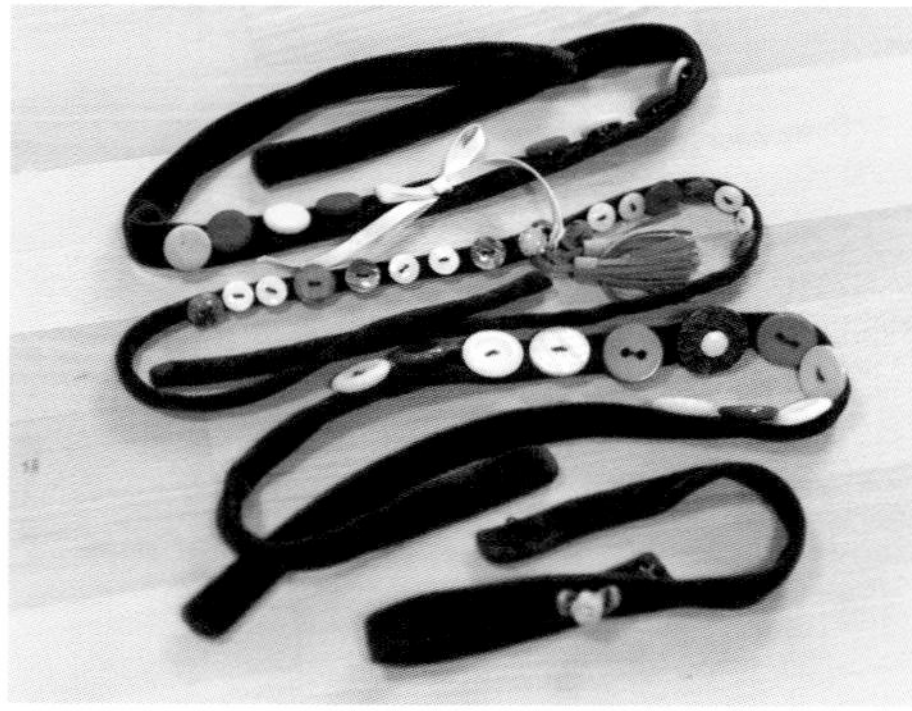

こだわりアイデア7

カンパンのふたで作った音の出るおもちゃ

缶に入った非常食「カンパン」の半透明のふたを2つ貼り合わせ、中にボタンを入れておもちゃを作りました。振って音を鳴らしたり、転がしたりして楽しみます。

こだわりアイデア8

指人形の専用ディスプレー棚

廊下の低い位置にディスプレーされた指人形は、子どもが自分で棒から取ったり戻したりできます。指人形を購入したときに、持ち運びができる収納ケースが付属していたのですが、子どもが持ち歩いてうっかり転んだりすると突き出た棒が危険なので、収納は作りつけにしました。

保育者がDIYで木製のディスプレー棚を作った。

こだわりアイデア9

調理スタッフから食べる様子が見えるカウンター

ナースリールームの調理室は、窓ガラスを隔てて保育室の隣にあります。床が保育室より低くなっているため、保育室にいる子どもから調理スタッフの手元がよく見えます。調理スタッフにとっては、子どもの食べる様子を直接見ることができるのが利点です。

調理スタッフは窓ガラスを開けて、「肉団子の温度に気をつけてください」などと、直接保育者に語りかけながら、食事を出します。

調理の様子を見ながら食事を待つ0歳児。

こだわりアイデア10

0歳児のつかまり立ちを促す手すり

「体を持ち上げて立ってみたら、新しい世界が見えた!」。0歳児の発達や遊びの広がりを考え、つかまり立ちをするのにちょうどいい高さに、つかまり立ちする手すりを設置しました。立ったときの0歳児の顔の高さに鏡を貼りました。腹ばいの姿勢でも遊べるおもちゃがたくさん吊るしてあり、ハイハイ期の乳児が興味をそそられる場所です。

こだわりアイデア11

プラスチックのデザートグラス

100円ショップで買ったプラスチックのデザートグラス(ワイングラス)は、ままごとでパフェやかき氷を作るときなどに使います。脚がついていることで通常のグラスよりぐっと豪華に見え、使い道が広がります。

チェーンリングやお手玉を入れて作ったパフェ。

こだわりアイデア12

指をはさむ事故を防ぐ緩衝材

子どもたちが開け閉めする引き出しは、痛い思いをしたり、「危ないよ」と必要以上に止められたりすることのないよう、ダンボール紙に気泡緩衝材を巻いたボードを作って、引き出しが当たる部分に設置しました。これが邪魔して引き出しが途中で止まるので安心です。

引き出しの奥に設置した緩衝材に当たって、引き出しはここまでしか閉まらない。

引き出しのサイズに合わせて作った緩衝材。

こだわりアイデア13

バックルをとめ外しする手作りおもちゃ

チャイルドシートや自転車のヘルメットなどで身近なバックルですが、外れてしまうと危険なので、やってみたいけれど、大人にしてもらうのを見ているだけという子どもが多いと思います。1・2歳児にとってはちょっと難しいバックルの操作に、じっくり取り組めるようにと作りました。

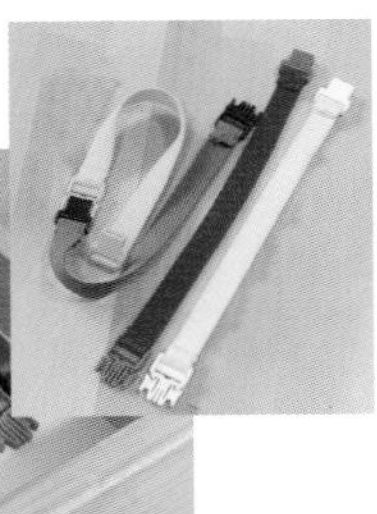

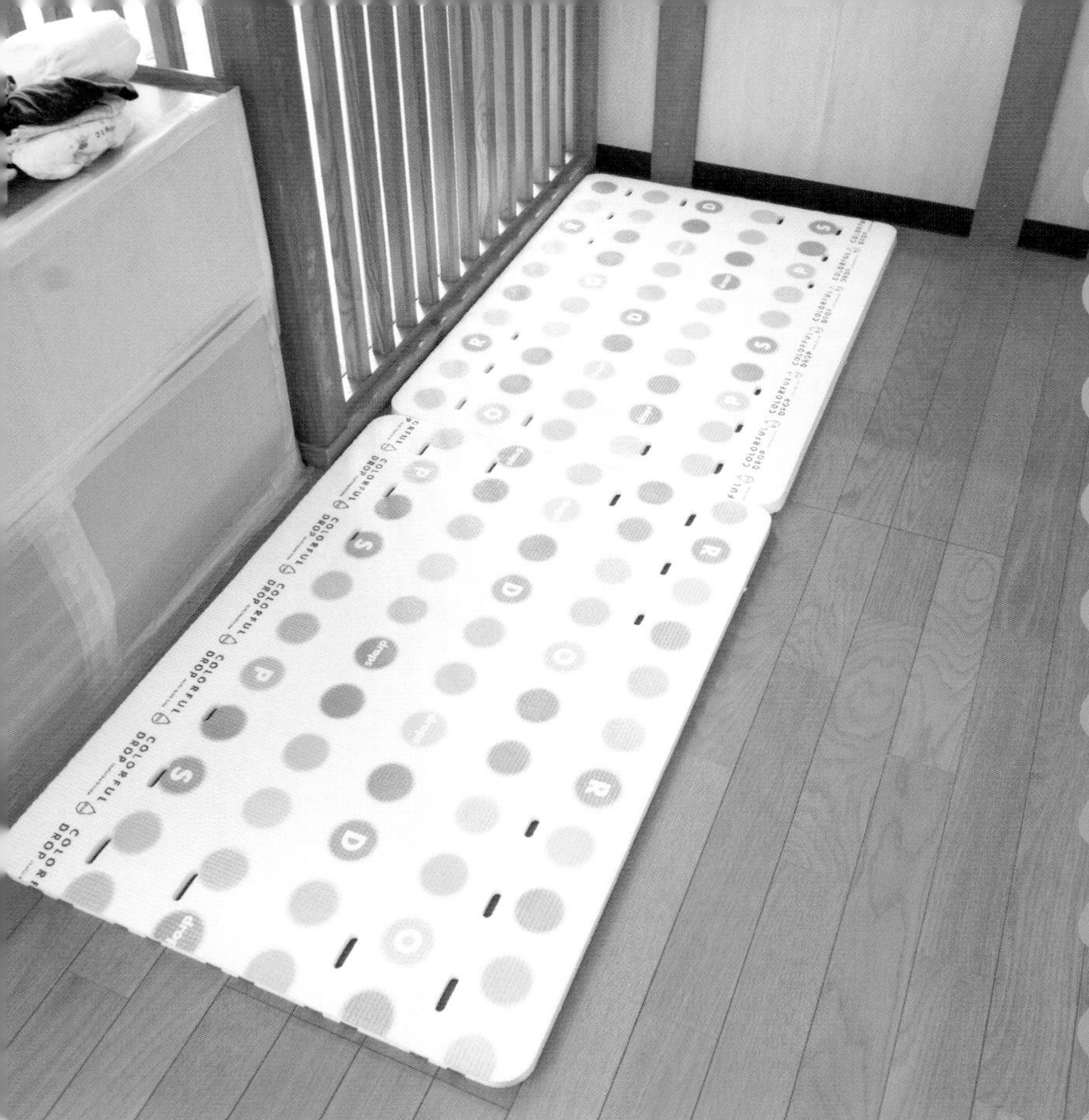

ついたてを置き、周囲から見られないよう配慮している。

めぐみ第二保育園

（東京・府中市）

社会福祉法人造恵会が2010年に設立。「文化（本物）にふれる体験」を大切に保育を行っている。0～5歳児、定員89名。

アイデアを紹介してくれた先生

左から内藤孝子園長先生、4歳児担当高杉明希さん、保育事務鬼丸真弓さん。

こだわりアイデア1

お風呂マットを敷いた場所がおむつ交換コーナーになる

おむつを交換するときは保育室の隅にお風呂マットをさっと敷いて即席のおむつコーナーにします。常設のおむつコーナーがない分、部屋が広く使えます。

お風呂マットは、ふだんは家具の裏に立てかけておき、おむつを入れたかご、個人のタオルや着替えなどもマットの近くに置いてすぐに取り出せるようにしています。お風呂マットは安価なうえ、拭いたり洗ったりするのも簡単で衛生的です。

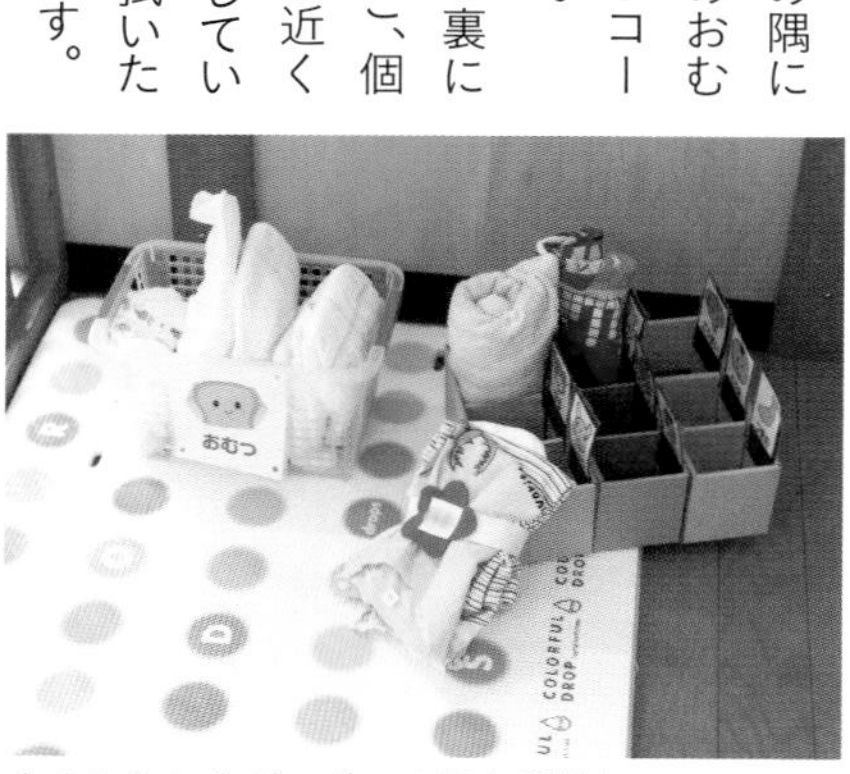

タオル入れはダンボール箱を利用して作ったもの。

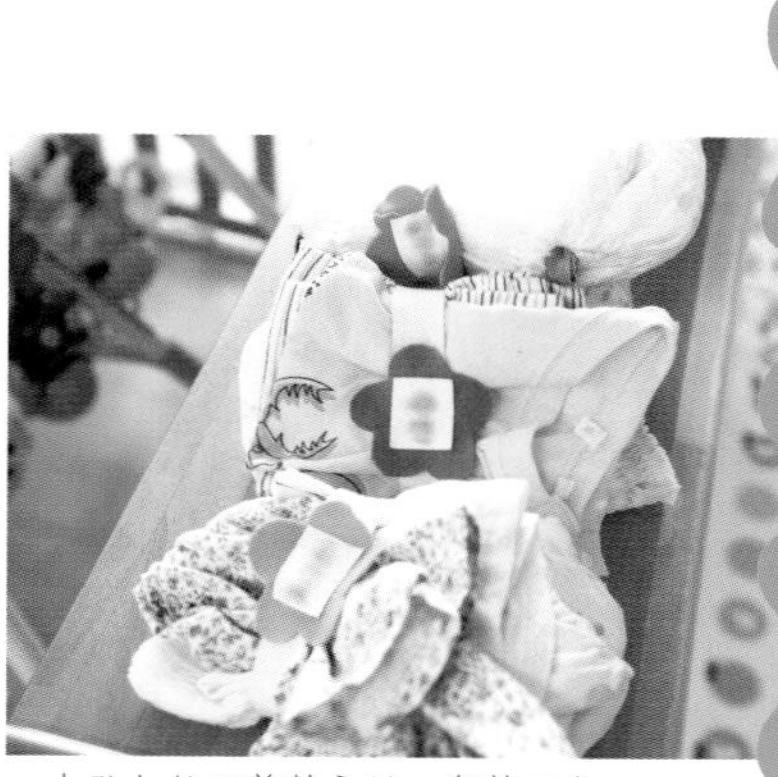

一人ひとりの着替えは、名前つきゴムバンドでまとめてある。

※園の情報、アイデアは取材した2022年8月時点のものです。

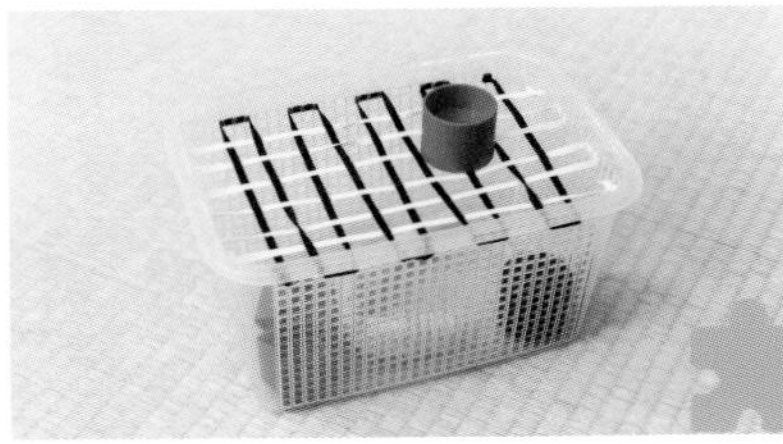

上にのせた青い円柱は、ゴムの格子を押し広げればかごに落とせる。

こだわりアイデア2

ざるやかごを利用した0歳児のおもちゃ

0歳児用におもちゃを手作りしました。赤ちゃんの好きなおもちゃをたくさんつけた「ビジーボード」は、通常は有孔ボードで作りますが、大きなプラスチックのざるを使いました。ざるのふちにはフェルトで作ったカバーをつけています。

ポットン落としの箱は、透明なプラスチックのかごに黒と白のゴムひもを格子状に渡して作りました。手で押し込めばゴムが広がって穴より大きいものも入るのがおもしろいようです。

こだわりアイデア3

子どもが製作の材料を自由に選ぶ素材室

玄関の脇の「素材室」には、紙類、布類、自然物など、さまざまな種類の製作の材料がぎっしりと置かれています。

どのクラスからも行き来しやすく、子どもは作品を作りたいと思ったら保育者と一緒にやってきて、自由に素材を選びます。「必要なものを、必要な分だけ選び取る」という体験を大切にしています。

家庭から集められた空き箱や、なじみのカーテン屋さんが提供してくれた商品サンプルの切れ端などもある。

こだわりアイデア4

使用する年齢に合わせた特注の絵本ラック

園では、既製の収納家具などでちょうどよいものが見つからない場合、なじみの大工さんに頼んで作ってもらいます。各年齢クラスに置かれている絵本ラックもそのうちのひとつ。高さは子どもの目の高さに合わせ、深さは絵本の表紙が見やすく取り出しやすいように設計しました。縦のサイズが短い絵本の場合は、牛乳パックで作った小さな台にのせて見え方を調整します。

0歳児用の絵本ラック。

1歳児用の絵本ラック。

棚の底に牛乳パックで作った赤い台を入れている。

こだわりアイデア5

自転車で送迎する保護者のためのヘルメットかけ

自転車で子どもを保育園まで送り、そのまま出勤する保護者にとって、子どものヘルメットを園に置いていくことができるようになれば通勤の荷物が減り、楽になると考えました。

タオルかけとして使っていた家具を「ヘルメットかけ」に転用することを思いつき設置、今では多くの保護者がヘルメットかけを利用しています。

玄関の前の軒下に設置したヘルメットかけ。

こだわりアイデア6

雨の日のお散歩が楽しくなる傘

カラーの油性ペンを使って、4歳児がビニール傘にそれぞれ好きな模様を描きました。この傘を差して、雨の日でも散歩に出かけています。傘を見上げて色を楽しんだり、水滴を眺めたり、傘に当たる雨の音を聞いたり。子どもたちは雨の日ならではの楽しみを見つけます。傘を差して出かけるときは、レインコートだけを着用して出かけるときより、子どもたちの意識が雨に向きます。

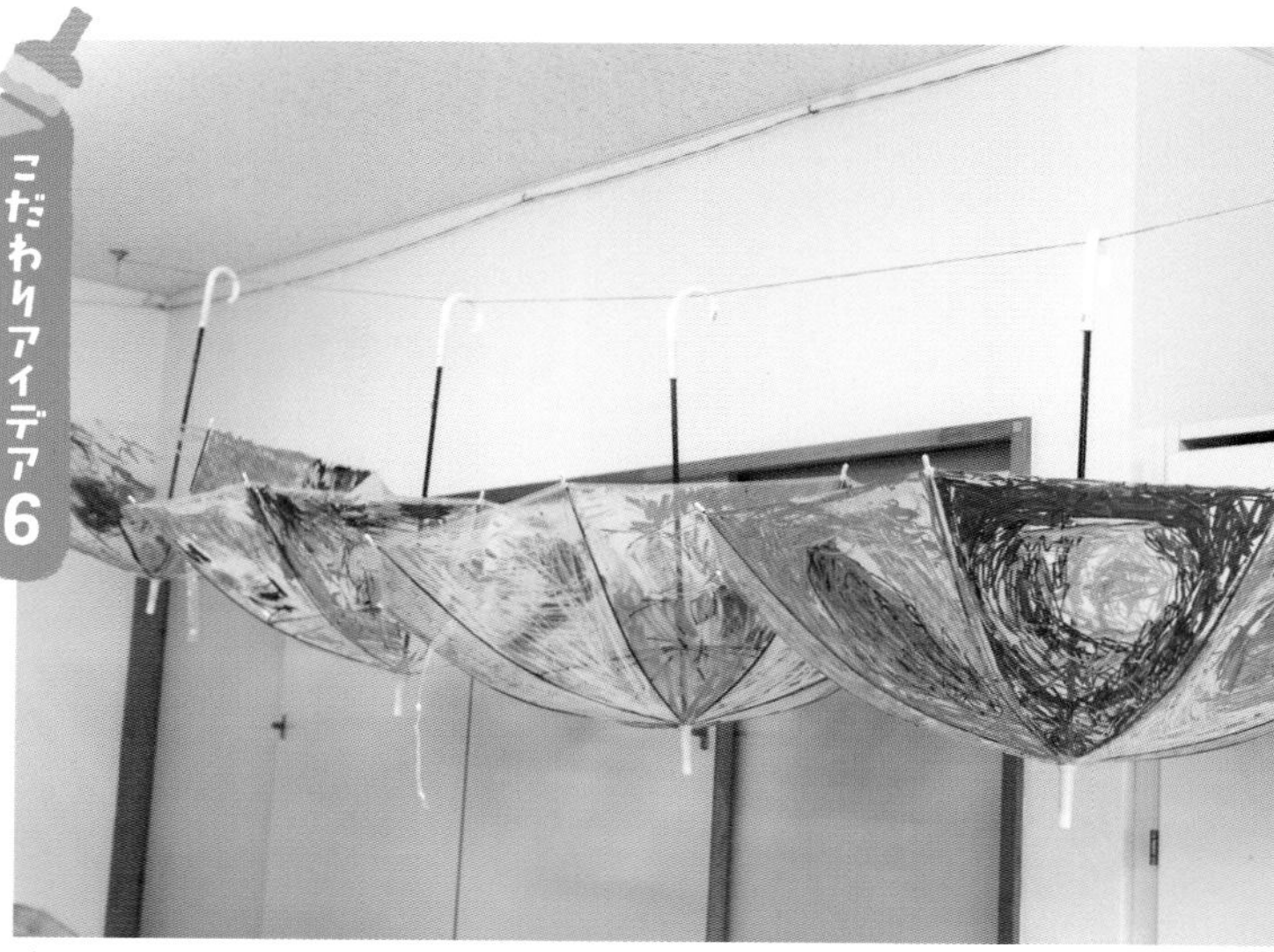

晴れた日には天井に張ったロープに吊るしてディスプレーしている。

こだわりアイデア7

数字の役割も自然に学ぶひとりに1本の鉛筆

園では、4歳児クラスに上がると、全員に1本ずつ鉛筆が与えられます。鉛筆には出席番号が書かれています。ペン立てにまとめて保管し、子どもが自分の出席番号の鉛筆を見つけて使います。

4歳児からはほかにも出席番号を使う場面を増やしています。マークと違って、数字は順序を示す役割もあることに子どもたちは自然に気づきます。日常生活を通して数字とかかわることで学んでいけるよう工夫しています。

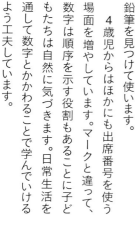

ビニールテープに油性ペンで数字が書かれている。

飼い主同士の交流も見られる。

こだわりアイデア8

廃材利用のお散歩イヌとドッグラン

3歳児が空き箱などの廃材を使って「イヌ」を作り、ホールにしつらえた「ドッグラン」で遊びました。リードに見立てたひもを引きながら散歩をしたり、えさをあげたりと、思い思いに遊び込む様子が見られました。遊び終わったあと、丁寧に抱っこして連れて帰る子どもたちの様子から、イヌへの愛情がさらに増しているように感じました。

こだわりアイデア9

外壁に後づけした乗用玩具専用ラック

園舎の裏の外壁に2本の金属バーを取りつけて、作りつけの乗用玩具専用ラックにしました。以前は乗用玩具は地面に直接置いていましたが、かなり場所をとってしまうのが悩みでした。今では見た目にもすっきり、取り出しや片づけもしやすいです。

バーの端には安全のためにクッション材を貼っている。

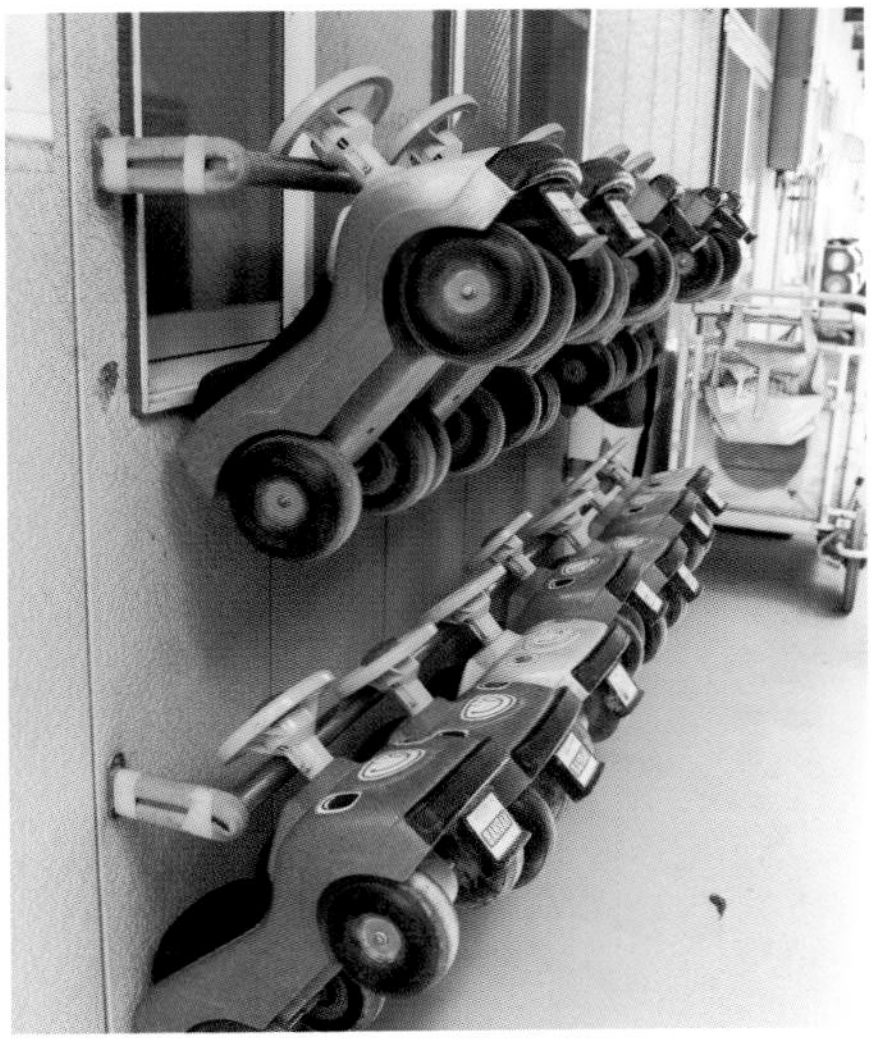

こだわりアイデア10

作品を展示するスペースを設けた専用ロッカー

3歳児室には展示用のロッカーが用意されていて、ひとりに1区画ずつスペースが与えられます。ブロックで作った作品などを飾ったり、作りかけの製作物を保管したりする専用のスペースです。各区画には顔写真が貼ってあるので、「○○ちゃんが作ったもの」と子どもたち同士すぐにわかります。

2歳児室では子どもの顔写真をつけたゴムバンドを用意しておき、作りかけの作品にかけておくようにしています。

3歳児室の作品展示用ロッカー。

2歳児用の顔写真つきゴムバンド。

鳩の森愛の詩瀬谷保育園

（神奈川・横浜市）

社会福祉法人はとの会が2005年に開園。子どもたちを真ん中に、保育者と父母が手をつなぎ合い、支え合い、成長しあうことを「共育て共育ち」と呼んで、日々の暮らしの原点にしている。0〜5歳児、定員100名。

アイデアを紹介してくれた先生

左から0歳児担当井出春香さん、1歳児担当大瀬戸麻里恵さん、2歳児担当岩本美好さん。

1歳児保育室のロフト（3点とも）。

こだわりアイデア1

隠れ家のようなロフト

保育者が1級建築士と一緒に作った特徴的なロフトが、各年齢の保育室にしつらえてあります。1歳児クラスのロフトは、複数の小部屋に分かれていて、中に入って遊べるように、各スペースにおもちゃが備えてあります。

0歳児のロフトは小さいですが、滑り台がついているのが特徴です。

2歳児のロフトは、広々としたままごと遊びのダイニングキッチンになっています(31ページ右下の写真)。

ロフトがあることで保育室に高低差が生まれ、多様なスペースができました。子どもたちは自分の好きなコーナーで過ごしています。

0歳児保育室のロフト。

※園の情報、アイデアは取材した2019年8月時点のものです。

寝転がることもできる広さで、のんびり遊べる。

こだわりアイデア2

ごろ寝もできる絵本コーナー

0歳児保育室は、ロフトの下に絵本コーナーを設けています。包み込まれるような気分になれるスペースです。

2歳児保育室は、一角をツーバイフォー材（DIY用木材）から作ったパーティションで区切り、中にはソファにもなるマットを置いて絵本コーナーにしています（左の写真）。ひとりでじっくり遊びたいときにここに来る子どももいます。

0歳児保育室のロフトの下。

こだわりアイデア3

電車の車両はロフトの下の「車庫」へ

1歳児と2歳児の保育室には、ロフトの下に、おもちゃの電車の収納スペースがあります。電車遊びのあと、子どもたちは遊びの延長で車両を「車庫」に片づけます。

2歳児クラスは、ロフトの下全体が電車遊びの優先スペースです。せっかく作った線路を、食事や午睡のために片づけなくてもいいのです。

2歳児保育室の「車庫」。

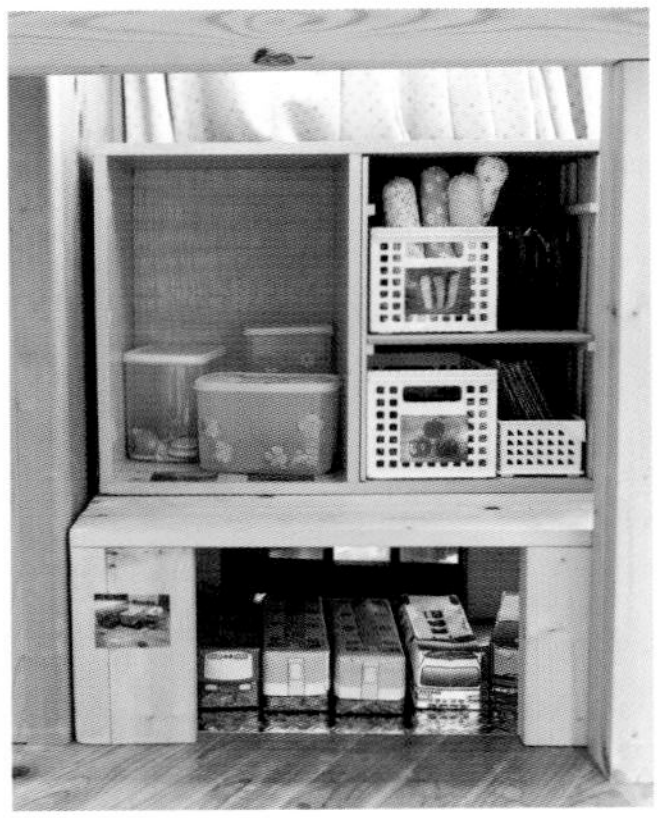

1歳児保育室の「車庫」。

こだわりアイデア4

本物みたいなキッチン

2歳児保育室のロフトに設けられたままごとのキッチンは、ガス台、流し、作業台、冷蔵庫が動線よく配置され（写真右）、まるで本物のよう。2ドアの木製の冷蔵庫は保育者の手作りです。

ままごと食材はフェルトや毛糸などで作りました（写真左）。以前は食器棚にしまっていましたが、「腐っちゃうから」と、子どもたちが自発的にこの木製の冷蔵庫にしまうようになりました。

2歳児保育室のロフト。

こだわりアイデア5

おむつ交換が素早くできる 用品ラック

おむつ交換台の枕元の壁にワイヤネットで作ったラックを取りつけています。おしり拭き、使い捨て手袋がパッケージごと固定され、片手で取り出せるようになっています。また、突っぱり棒を上に渡し、衛生ロールシーツもすぐに使える状態になっています。以前はこれらを交換台の向かって右側のスペースに置いていました。おむつ交換中に子どもがさわってしまい、おむつ交換の妨げになっていましたが、ラックを設置して解消されました。

こだわりアイデア6

0歳児の「さわりたい」を集めたおもちゃ

音や光、感触などを楽しめる0歳児のための手作りおもちゃです。

上の写真は、リモコンや自転車のベル、押すと光るタッチライトなど、0歳児がさわりたくなる、でも家ではなかなかさわらせてもらえないものを集めたボードです。

下の写真は、鈴や番号札などをゴムで固定したパッチンボード。引っぱって手を離し、出る音を楽しみます。

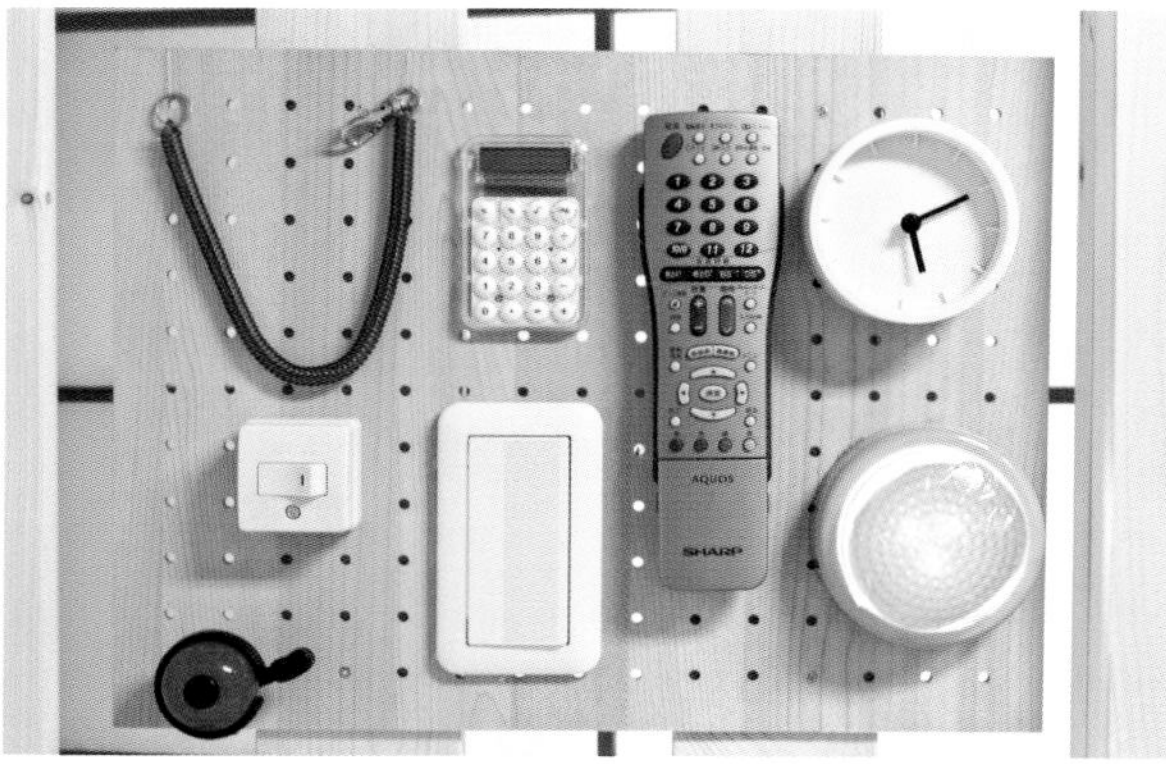

子どもがすわったまま遊べる高さに設置してある。

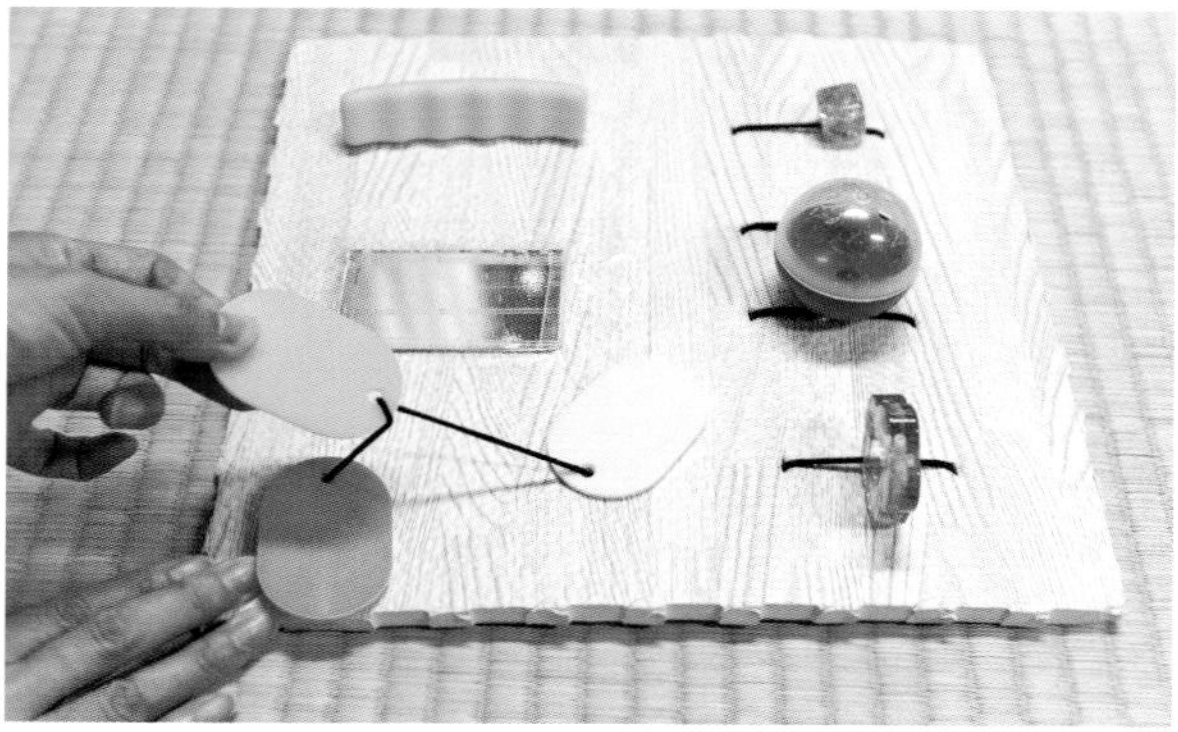

こだわりアイデア7

常備しておくと便利な 新聞紙のゴミ箱

テーブルの上での製作など、小さなゴミの出る作業では手元にゴミ箱があると便利です。1歳児の保育室では、新聞紙を折りゴミ箱にしています。ゴミがたまったら、ゴミ箱ごと捨てればいいので便利です。左の写真のように折りたたんでストックしておき、棚のすぐに取り出せる場所に置いてあります。

製作遊びの道具と同じ場所に収納している。

技アリ！アイデア①

編集部が取材時に見かけた、
本書で取り上げた4つのジャンルに収まらないアイデアを紹介します。

地域で活躍 おそうじセット

── 太陽の子赤坂保育園（東京・港区）

5歳児はふだん遊んでいる公園や地域のゴミ拾い（「キッズおそうじチャレンジ」）に取り組んでいます。軍手と専用のベストを身につけ自分たちで作ったトングを手にすれば、子どもたちのテンションも上がります。黄色いベストは地域の人からも認知され、社会とつながる体験になっています。ゴミの重量は毎月集計してグラフ化し、保育室に貼り出しています。

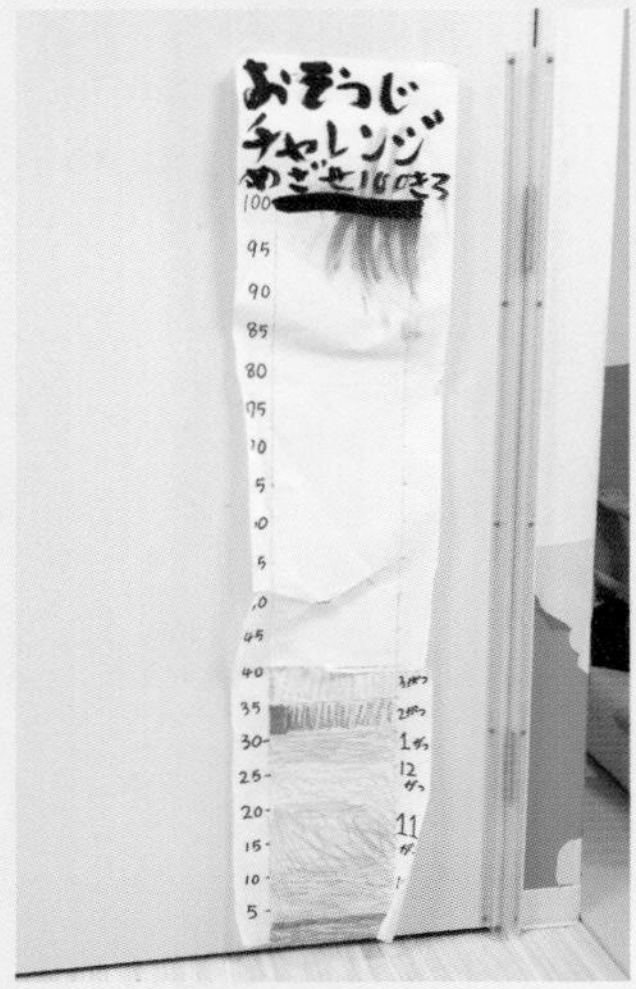

ゴミの重量のグラフ。

簡単&確実に伝わる 着替え袋に貼るカード

── 墨田区立中川保育園（東京・墨田区）

服に記名がないなど、着替えのときに気づいたことは、覚えておいて連絡帳に記入するか、お迎えに来た保護者に口頭で伝えていました。新学期など慌ただしいときでも伝え忘れがないよう、頻繁に発生するお願いごとは紙に印刷してメッセージカードとして用意しました。気づいたらすぐに着替えの袋に貼れるようにすると、保育者の負担も減りました。

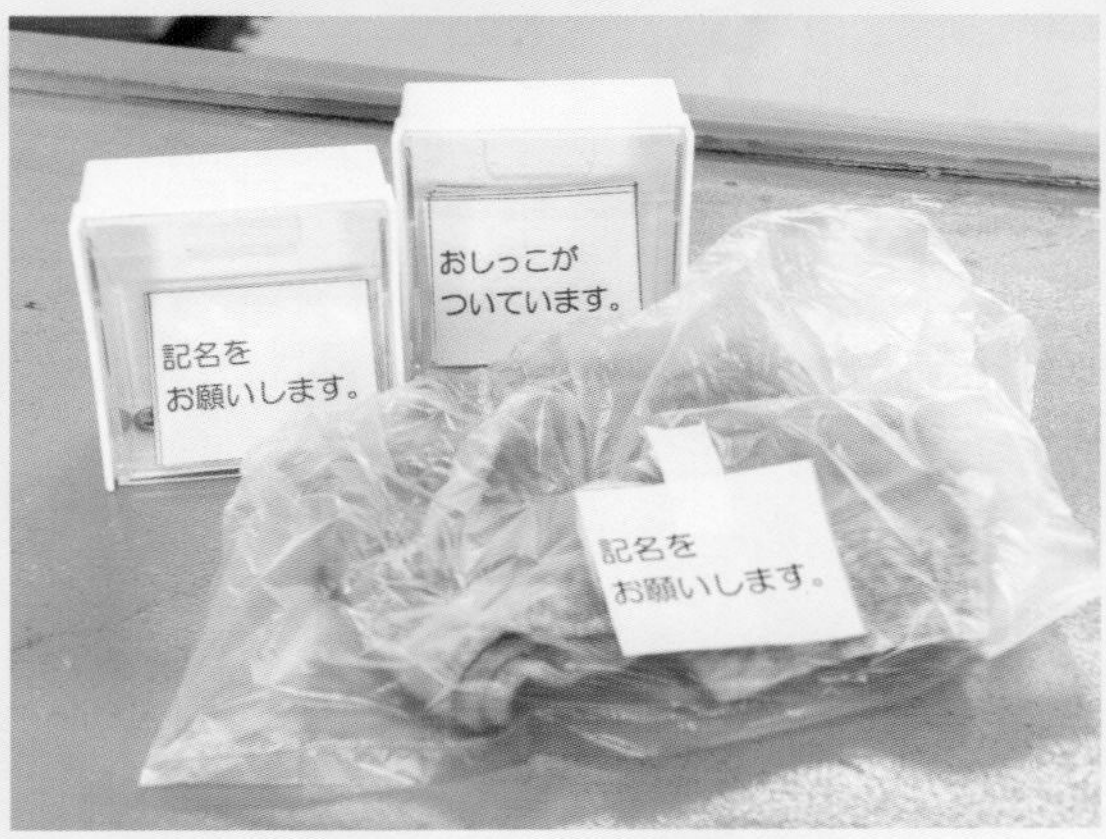

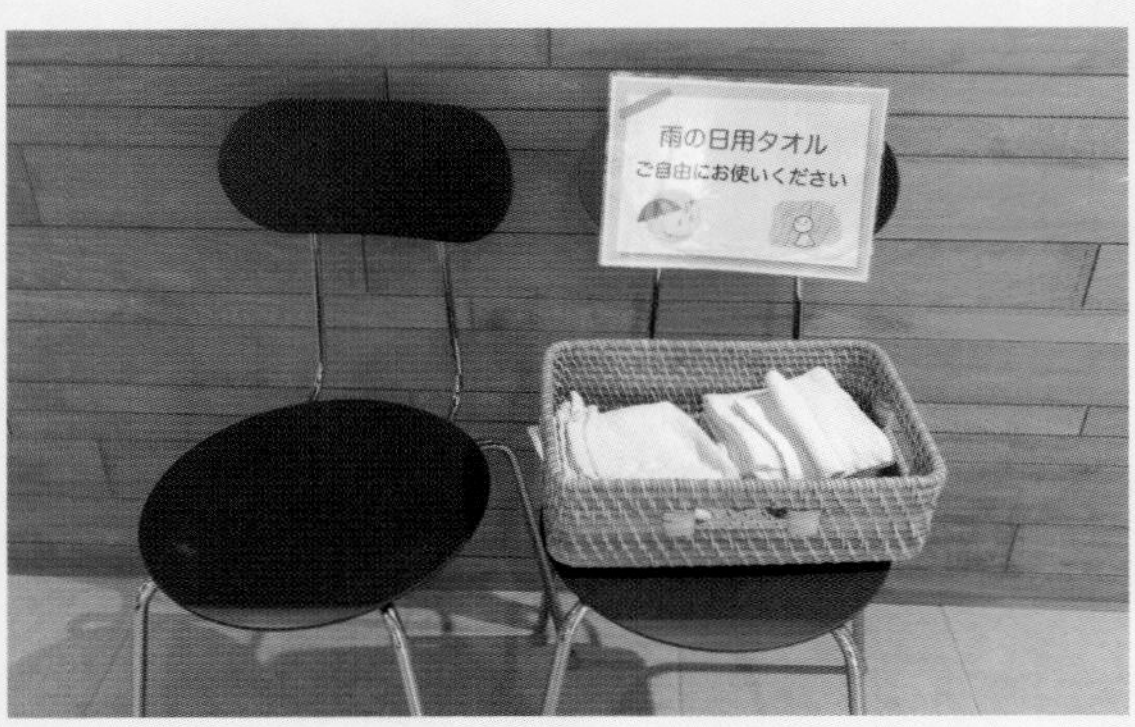

悪天時の玄関に「雨の日用タオル」

── 世田谷代田 仁慈保幼園（東京・世田谷区）

雨の日の登園は保護者にとっていつも以上に大変です。雨の日には園の玄関に「雨の日用タオル」を置いています。濡れた体や荷物を拭くためです。少しでも気持ちよく職場に向かってほしいという保育者の気遣いです。

天井から透ける布やカラフルなモビールなどを吊り下げている。

世田谷代田 仁慈保幼園

（東京・世田谷区）

社会福祉法人仁慈保幼園が2020年に開設した認可保育園。地域とかかわりながら生み出す保育を大切にしている。0〜5歳児、定員102名。

こだわりアイデア1

色や明るさの違いを楽しむ天井や窓の装飾

世田谷代田 仁慈保幼園では子どもたちが視覚的に楽しめるさまざまな工夫をしています。0歳児の遊びスペースには天蓋や、色とりどりのモビールを吊り下げています。子どもたちはおもしろい形や動きを目で追い、セロハンから透ける光を楽しみます。

窓辺に貼った手作りの装飾は、太陽の光を受けてプリズムのように光を拡散させています。

部屋の隅にはダンボールで上部を覆った装飾のない空間も用意しています。

窓から光が差すと、部屋に色の光が散る。

ダンボールで上部を覆った装飾のない空間。あえて薄暗くしている。

アイデアを紹介してくれた先生

左から0歳児担当村田有先生、北村有己子先生、鮎川茜先生、宮川純奈先生。

左から1歳児担当河野加純先生、高橋麗乃先生、韮塚真由子先生、中村俊平先生。

左から2歳児担当池亀梨奈子先生、藤江そら先生、堀江友梨子先生、中谷恭子先生。

※園の情報、アイデアは取材した2021年8月時点のものです。

こだわりアイデア2

友達の顔写真がかくれんぼ

0歳児室の棚のあちこちに、クラスの子どもの写真を貼っています。写真の縁には面ファスナーをつけ、色紙でカバーできるようになっています。色紙をはがせば友達の顔が出てくるしかけです。はがすときのパリパリという音や感触も楽しみながら、子どもたちは遊んでいます。

こだわりアイデア3

床に固定したソフトブロック

ソフトブロックを積み上げたところ。保育者が手で押さえて見守っている。

ソフトブロックや牛乳パックで作った踏み台を床に固定して、常設の運動コーナーにしています。つかまり立ちをしたり、段差を登ったりして遊ぶうちに、運動機能の発達が促されます。

こだわりアイデア4

壁に作りつけたポットン落とし

0歳児室の壁にはダンボールを使った縦長のポットン落としを取りつけています。ペットボトルのキャップを4つつないでフェルトで縫いとじた筒状のものを、丸い穴に落とし入れます。横長の穴には、プラスチックのチェーンのピースを入れて遊びます。

一番下に大きな窓を開けたので、落としたものを回収しやすい。

こだわりアイデア5

ハイハイでも楽しめる感触遊びコーナー

人工芝、緩衝材（プチプチ）、面ファスナー、ゴムやひもを取りつけたボードを床に貼って、感触遊びコーナーを作りました。子どもたちはそれぞれの感触や音の違いを楽しんでいます。1歳児室では、トレーに玉石を敷き接着剤を流し込んで固定したものも人気です。

0歳児室の感触遊びコーナー。

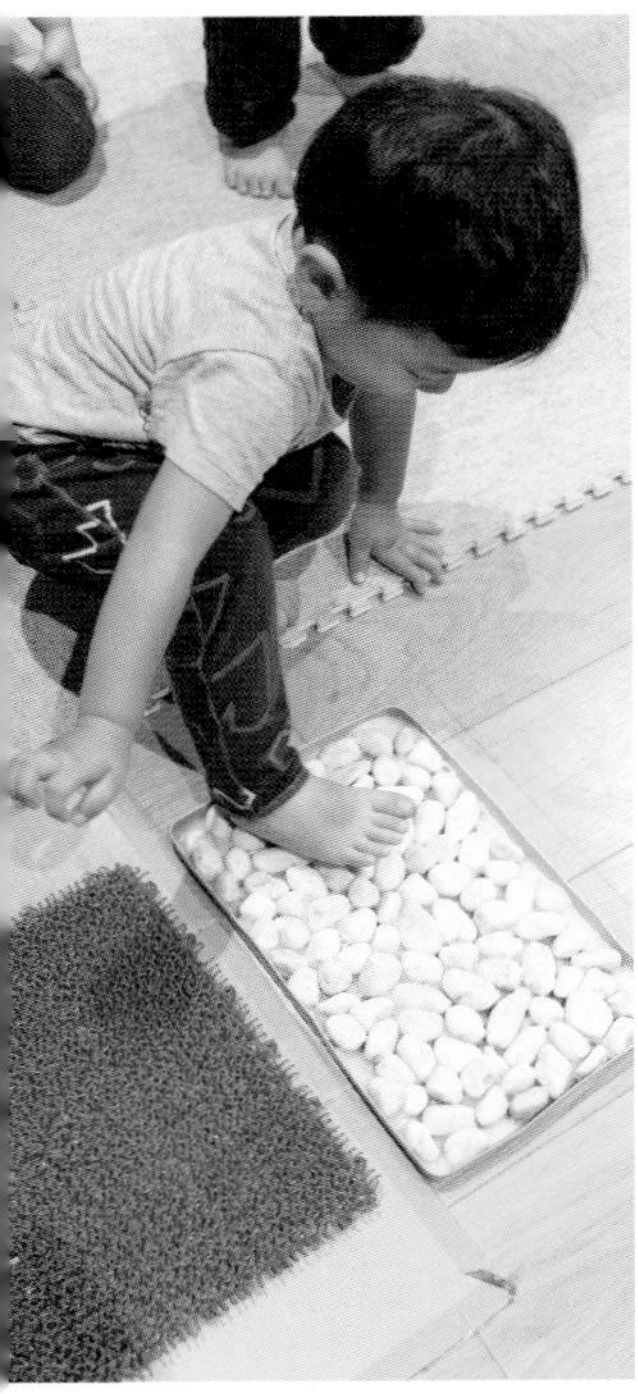

トレーに敷いた玉石を踏んで遊ぶ1歳児。

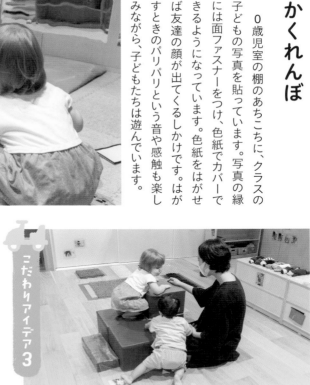

こだわりアイデア6

中に入ってもOK 思いきり遊べる ダンボール箱

1歳児室には大小のダンボール箱を置いています。子どもたちは中に入ったり、ものを入れたり、積み上げたり、自由に使います。壊れることを気にせず思いきり使えるのがダンボール箱の利点です。

こだわりアイデア7

小さな体にぴったり 六角形の低いいす

1歳児室のままごとコーナーでは、牛乳パックで作った六角形のいすを食卓のまわりに置いています。牛乳パックを開いて三角柱を作り、中に芯を入れ、10個組み合わせて布粘着テープで貼り合わせます。牛乳パックの半分の高さで1歳児の体にはぴったりです。カバーはキルティングで作りました。

こだわりアイデア8

顔が隠れる 大きさの 円形銀色シート

銀の色紙をラミネート加工した円形のシートは、鏡に見立てたりキラキラするのを眺めたり、ままごとに使ったりしています。1歳児室では友達同士でいないいないばぁをして遊んでいる姿が見られます。

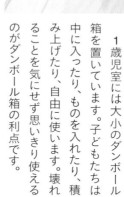

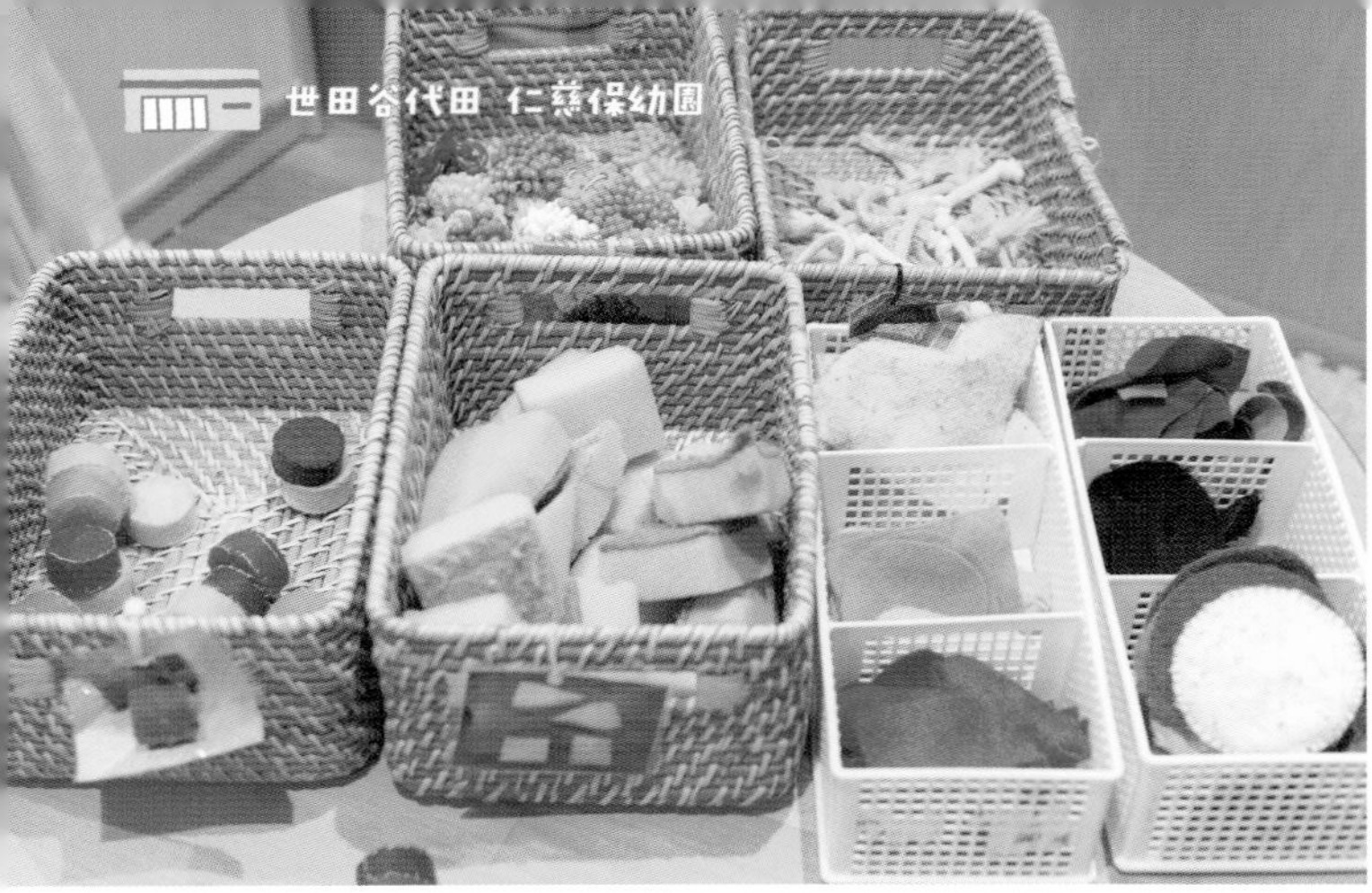

こだわりアイデア9

作り込みすぎない ままごと食材

2歳児になると、ままごとの内容がより具体的になってきます。想像力を使って遊ぶように、手作りの食材はあえて作り込まないようにしています。フェルトはいろいろな形に切っただけのもの。色別にかごに分類しています。ペットボトルのふたをフェルトで包んで縫いとじたものは、中に磁石が入っています。つなげたり、包丁で切ったりして遊びます。

食器洗いのスポンジにビーズの飾り（シュシュ）をのせればケーキのできあがり。

ペットボトルのキャップと磁石で作った食材と、木製のままごと用包丁。

こだわりアイデア10

憧れの職業になれる 帽子

カップ麺の容器と色紙やビニールテープを使って、消防士のヘルメット、鉄道運転士と警察官の帽子を作りました。2歳児の頭にぴったりのサイズです。いずれも子どもたちの憧れの職業です。ごっこ遊びが盛り上がります。

こだわりアイデア11

雨の日も外遊び レインコートを常備

2歳児は雨の日も外遊びができるように全員レインコートを持ってきてもらっています。廊下のパイプハンガーにいつでもかけてあります。雨の日には雨の日ならではの体験をしてほしいと願っています。

こだわりアイデア12

各部屋にひとつ 炊飯器

昼食はクラスごとに保育室でとっています。各部屋にはミニキッチンが備えられ、炊飯器を置いています。お米だけはそれぞれの保育室で炊いています。子どもたちの食欲や食べ物への関心を引き出すのが目的です。お昼が近づいてくると炊飯中のおいしそうな香りが部屋を漂います。

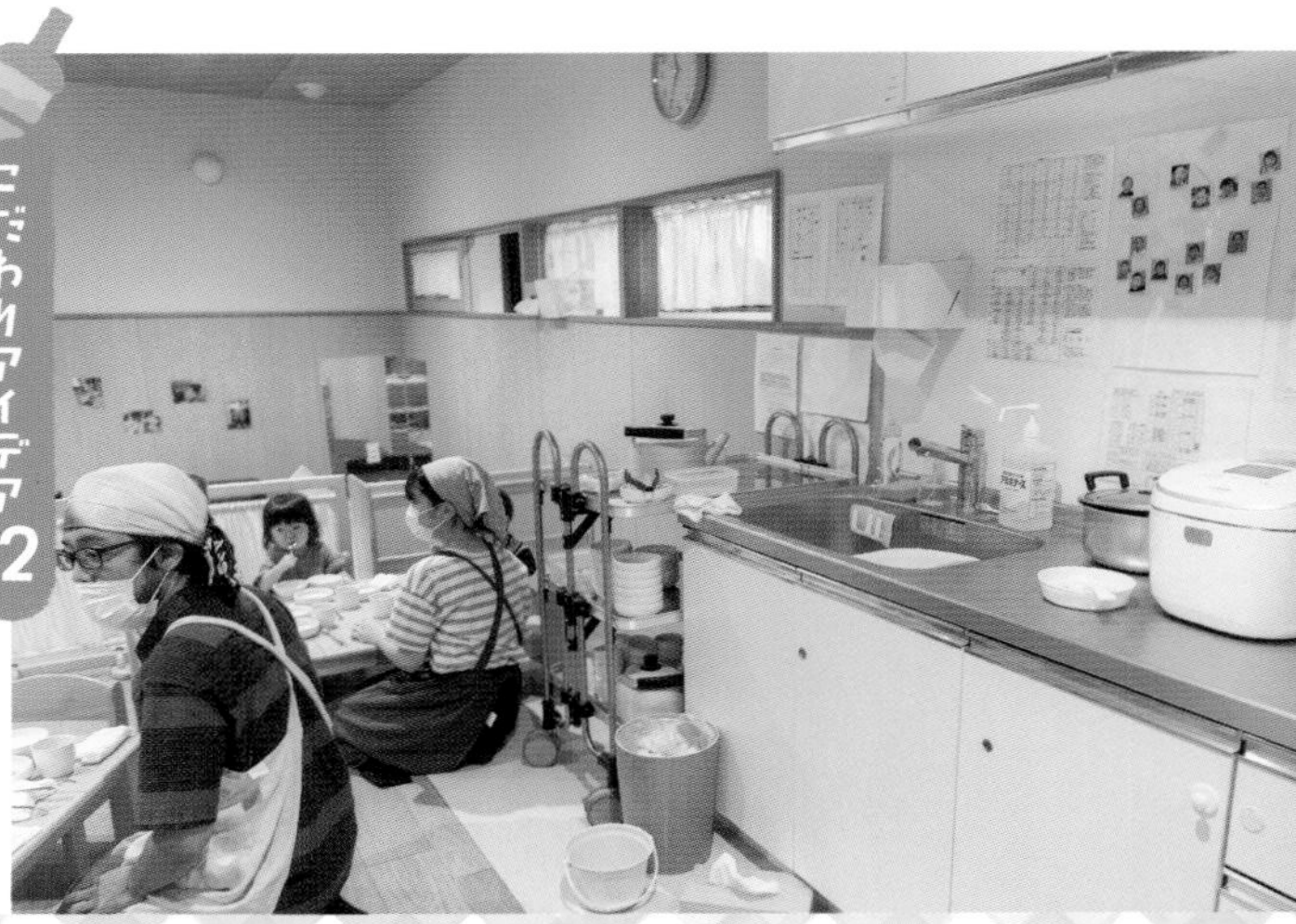

あまねの杜保育園

（千葉・船橋市）

社会福祉法人南生会が2015年に開園した認可保育園。発達状況に応じたきめ細かな保育を行うため、0歳児から異年齢のクラス編成を実施。0〜5歳児、定員160名。

アイデアを紹介してくれた先生

左から1・2歳児担当池田さん、松尾さん、森屋さん。

左から0・1歳児担当岡本さん、佐々木さん、宍戸さん。

左から1・2歳児担当佐藤さん、遠藤さん、岸野さん。

左から0・1歳児担当金髙さん、髙田さん、渡辺さん。

※園の情報、アイデアは取材した2020年12月時点のものです。

こだわりアイデア1

そのまま ゴロンとできる 手作り アスレチック

古タイヤやロール状にした布団を、布で包んで縫いとじたものを部屋に置いています。体の発達に合わせたオリジナルのアスレチックになっています。クッション性があって転んでも痛くありません。そのまま寝転んでくつろぐこともできます。廃材を包む布はキルティングや合成皮革などで、それぞれの素材の肌触りを楽しめます。

ロール状の布団の上に布団を重ねた。

こだわりアイデア2

静かに過ごせる小さなコーナー

無地の布を貼ったダンボール箱を横置きして、まわりに布団を敷き詰めた一角が0・1歳児室にあります。少人数で落ち着いて過ごすコーナーになるように、また視覚的にも刺激を抑えるために、この場所にはおもちゃを置かないようにしています。静かに過ごしたいときに、子どもたちはここに来ます。

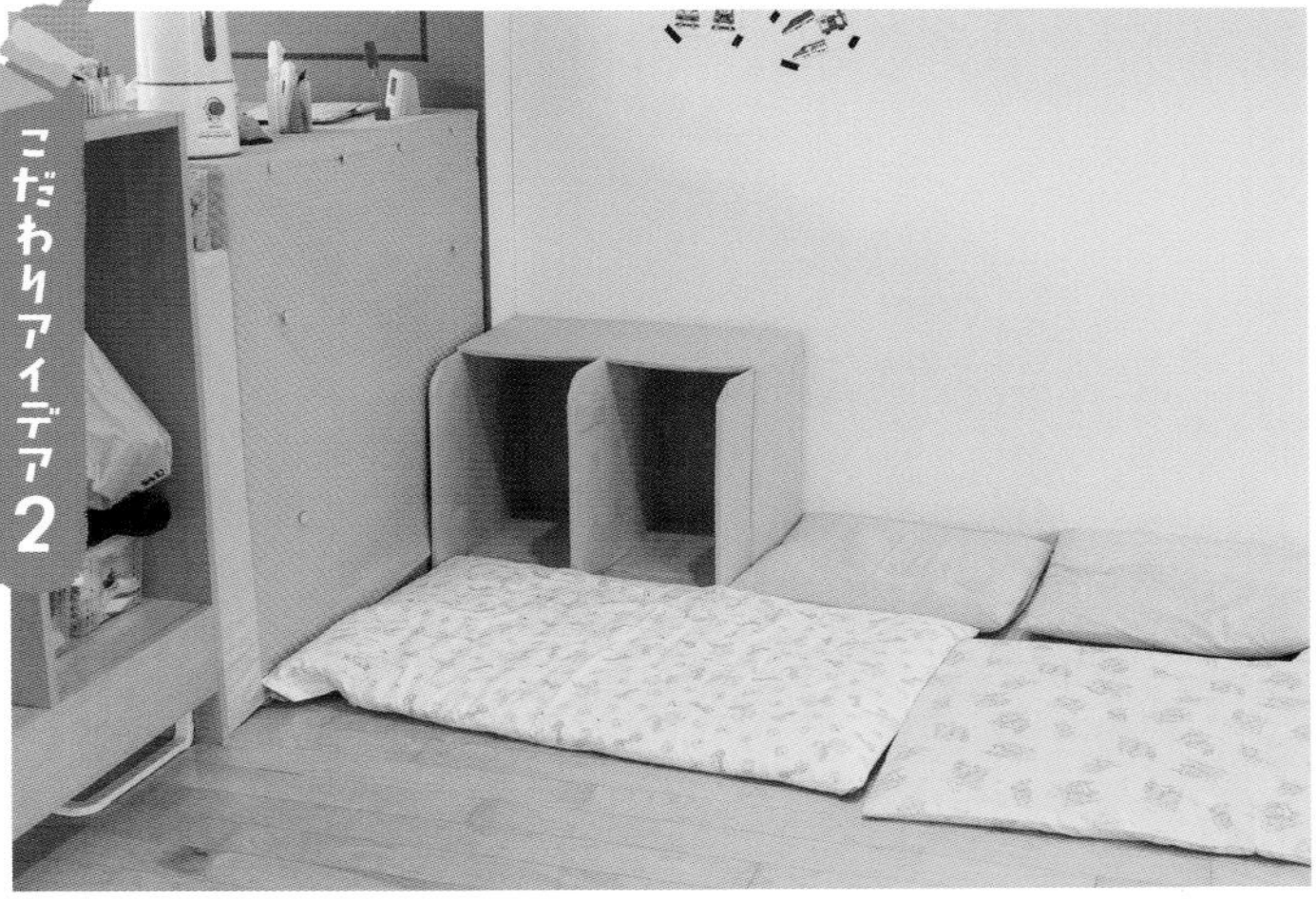

壁と家具に挟まれた角に設けた、おもちゃを置かないコーナー。

こだわりアイデア3

いつでも一緒のお猿さん人形

長い腕の愛嬌あるお猿さんは、0・1・2歳児の各保育室にある「いつでも一緒」の人形です。抱っこやおんぶ、添い寝など、ふれあって遊ぶことが多いので、肌触りにこだわって素材を選びました。

保護者が使い古したマフラーなどを利用して手作りした。

こだわりアイデア4

立てても敷いてもいい板ダンボール

2歳児の保育室には、細長い板ダンボールを手製の布カバーに入れて作った板ダンボールがあります。立てて囲いを作り、子どもたちが中で遊ぶ姿がよく見られます。表面に張った2本のひもを道路の白線や線路に見立てて遊ぶこともできます。

表面に張った2本のひもを道路の白線に見立てて遊んでいる。

乗り物に見立てて遊んでいる。

こだわりアイデア5

おもちゃに踏み台にと各年齢で使える手作り箱積み木

赤、黄、緑のカラフルな箱積み木は、牛乳パックに木綿の布を貼って作りました。中にたたんだ牛乳パックをぎっしりと詰めたので重量があり、乗ってもすわってもつぶれません。大きさや形はいろいろあり、ミニカーやバイクに見立てたりして、各年齢で多様な使われ方をしています。

こだわりアイデア6

トイレットペーパーを切ってストック

トイレには、トイレットペーパーをあらかじめ使用する量に切っておいてあります。空き箱にトイレットペーパーの芯を入れ、その中に立て、取り出しやすくしています。この用意があるだけで、トイレの援助がぐんと楽になります。

こだわりアイデア7

補修できるパッチワークの「なんでも箱」

ダンボール箱に色とりどりの余り布をパッチワーク状に貼り合わせて作った「なんでも箱」が、各保育室でそれぞれの用途に使われています。布の貼り込みに使っている接着剤は、箱の補強にもつながっています。大きな布を貼るよりも失敗が少なく、部分的な補修も可能。見た目も楽しげです。

ままごと用のおもちゃ（1・2歳児室）。食材はお手玉だったりチェーンだったりする。

こだわりアイデア8

用途を限定しない手作りおもちゃ

どの保育室のおもちゃも、手作りのものが中心です。リアルに作り込まず抽象的な形にとどめているので、子どもの想像力と創意工夫によってさまざまな遊びに使われています。ボタンや面テープを用いた玩具は、手指を十分に動かすことにつながります。

子どもの手に収まらない大きなお手玉は、頭にのせたり床にポトンと落としたり、自由に使われている（写真上2点）。「ポットン落とし」のチェーンを粘着テープの芯に通してぶんぶんゴマのように回す0歳児（写真左下）。ペットボトルのキャップ2個を布で縫いとじてスナップボタンをつけたおもちゃ。連結して遊ぶほか、ままごとの素材にもなる（写真右下）。

こだわりアイデア9

空き容器をそのままおもちゃとして活用

空き容器をそのまま使うこともあります。給食に出すヨーグルトのカップは同じ形状のものが大量にたまるので、積み木やブロックとして遊ぶのに最適です。フロアに思いきり広げて遊べる人気のおもちゃです。

化粧品の容器や飲料ボトルのふたの開け閉めは、手首をひねる動きを促し、食事のときにスプーンを口に運ぶ動作などにつながっていきます。

飲料ボトルをひねっている。写真左は化粧品の容器。

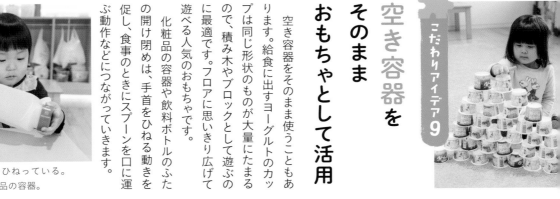

宝光保育園（東京・日の出町）

社会福祉法人八晃会が1973年に設立。和を大切にした保育を行う。0〜5歳児、定員151名。

アイデアを紹介してくれた先生

左から4歳児担当宇野美鈴先生、主任田中彩乃先生。

こだわりアイデア1

玄関つきのままごとコーナー

4歳児保育室のままごとコーナーに玄関を作りました。棚の背にレンガ模様で装飾したプラダン（ダンボールの形状のプラスチック板）を貼り、その隙間からプラダンで作った扉を引き出せるようにしています。床にはビニールテープで枠を作り、脱いだ上履きを置く場所にしました。食器類が4人分のセットになっていることが多いので、それに合わせて靴置き場も4つにしました。玄関を作ることで空間がよりほかと区分され、ままごとに夢中になれるコーナーになりました。

こだわりアイデア2

BBQ遊びができる手作りおもちゃ

4歳児保育室には、子どもと一緒に作ったコンロがあります。箱に黒い紙と網目状にしたホイルを貼りました。手作りのお手玉などを食材に見立てて焼きます。床に置いた人工芝の上でコンロを囲んでいると、バーベキューをしているような気分になります。自然に囲まれた土地柄でふだん見ている光景だからか、子どもたちは慣れた手つきでバーベキューを楽しんでいます。

※園の情報、アイデアは取材した2021年5月時点のものです。

積み木を土台にして斜面を作り、ボールやミニカーを滑らせて遊べる。

こだわりアイデア3

自分で組み合わせる 木製レーン

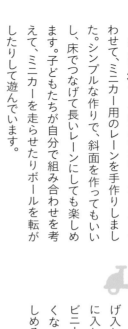

細長い30センチ程度の木材3本を貼り合わせて、ミニカー用のレーンを手作りしました。シンプルな作りで、斜面を作ってもいいし、床でつなげて長いレーンにしても楽しめます。子どもたちが自分で組み合わせを考えて、ミニカーを走らせたりボールを転がしたりして遊んでいます。

こだわりアイデア4

室内で楽しめる 玉入れ

2歳児の保育室の一角に体を動かして遊ぶコーナーがあります。コーナーの壁にかごを下げ、ボールを投げ入れて遊べるようにしました。上手に入れるのは難しいですが、柔らかいビニールボールなのでぶつかっても痛くなく、思う存分に投げることを楽しめるスペースになっています。

こだわりアイデア5

安心して遊びの続きができる自分だけの 作品かご

ブロック遊びなどを中断するときに、壊さずに残しておけるかごを4歳児と5歳児の部屋に用意しました。壊さなくてもいい、あとで続きができるという安心感につながり、次の活動に移るときもスムーズに気持ちの切り替えができるようです。

誰の作品かわかるように、個人のマークがついた洗濯ばさみをかごにつけてある。

こだわりアイデア6

取り出しやすく落ちにくいおもちゃ棚

棚板を床と平行ではなくあえて前下がりになるように取りつけました。正面からおもちゃがよく見えるようになり、子どもたちが遊びたい意欲がさらに高まったようです。棚板の縁にはコーナークッションを貼って、おもちゃが滑り落ちるのを防いでいます。

食事や午睡の時間にはカーテンを閉めています。以前はカーテンを突っぱり棒で吊るしていましたが、落下しやすかったためカーテンワイヤを設置しました。ネジフックで棚に直接取りつけるので落ちる心配がありません。

こだわりアイデア7

テーブルの下に複数配置衛生セット

1歳になると複数のテーブルに子どもたちがついて食事をします。テーブルの下にはエリアごとにかごを置き、中にティッシュペーパー、消毒用アルコール、ロールペーパーなどをセットしています。保育者が手を伸ばせば届くところにいつでもあるので立ったりすわったりする回数が減り、子どもは落ち着いて食事ができます。

ロールペーパーの芯にひもを通してかごに固定。

こだわりアイデア8

優しいすわり心地の手作りソファ

牛乳パックで土台と背もたれを作り、籐の模様の布を貼ってソファを作りました。座面にウレタンのマットを布で包んだものを敷きました。すわり心地がよく、見た目も本物のソファのようで、穏やかで落ち着いた雰囲気のままごとコーナーになりました。

こだわりアイデア9
記名を促す迷子ボックス

持ち主のわからない落とし物、忘れ物を入れる「お洋服迷子BOX」には油性ペンをセットにして、その場で記名してもらえるように促しています。帰宅してから書こうと思うとつい忘れがちになってしまう保護者にも好評です。棚の上などちょっとしたスペースにも記入用の油性ペンを置いています。

複数の油性ペンを置いている。

こだわりアイデア10
0歳児の食事の時間に正座いすと透明マスク

保育者は正座になり腰を頻繁に上げるので、その負担軽減のためにお風呂マットを重ねた正座いすを作りました。重ねる枚数で高さを調整でき、水拭きもできるので衛生的です。

食事の援助で保育者がマスクを使う場面では0歳児に「もぐもぐ」する口元が見えるように透明マスクを着用しています。「あーん」「もぐもぐ」を子どもに見せられるほか、表情がよく見えるよさもあります。

※感染症の流行の状況やマスク着用のメリット、デメリットも考え合わせ、透明マスクの使用は柔軟に行うようにしています。

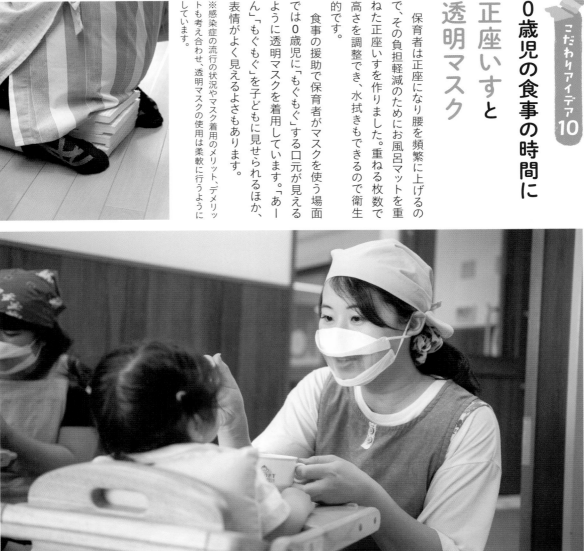

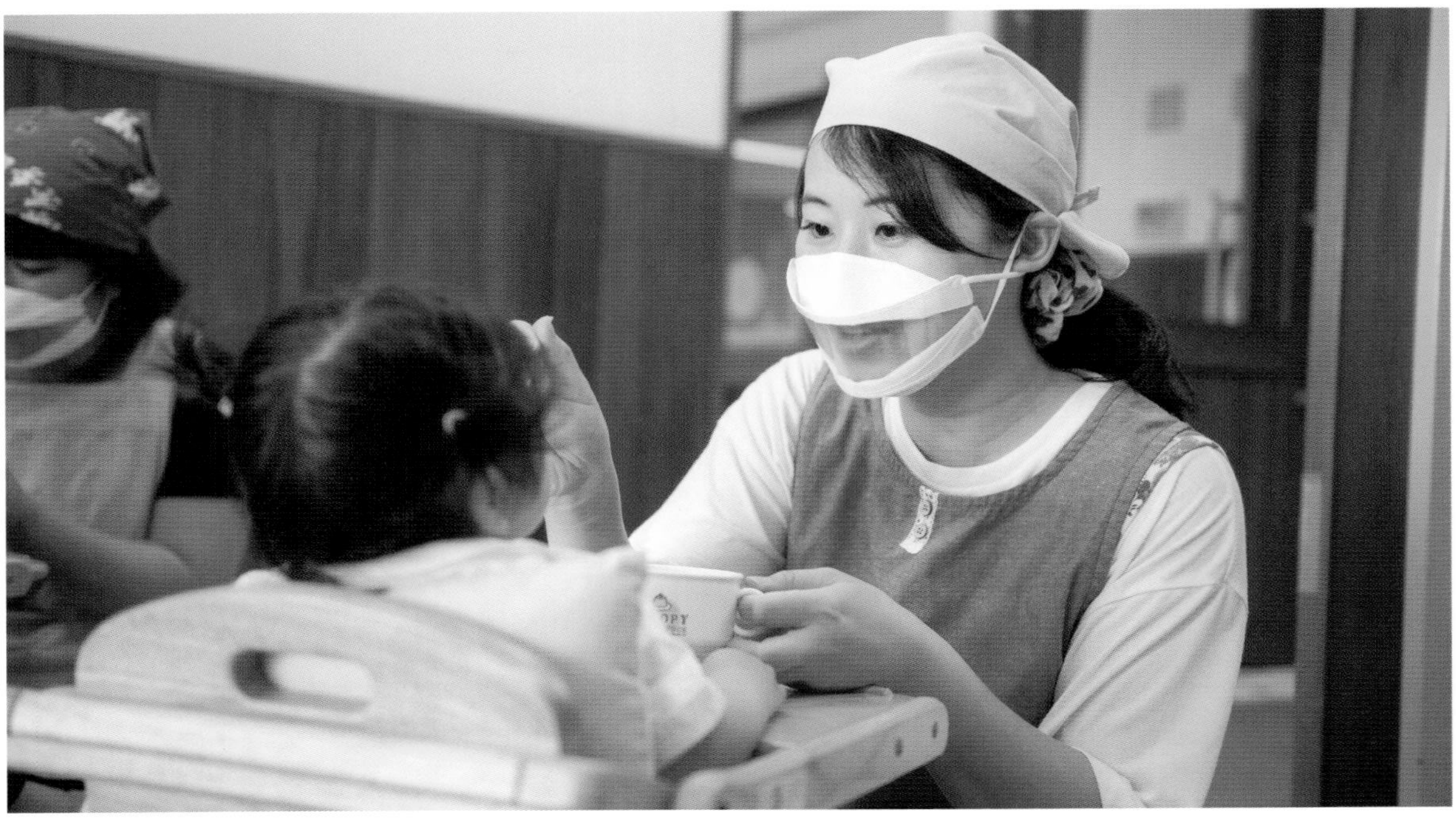

清瀬どろんこ保育園
（東京・清瀬市）

12の都県に保育施設を展開する社会福祉法人どろんこ会が2014年に設立。異年齢保育・インクルーシブ保育が行われ、子どもたちはきょうだいのように教え合い、協力しあって生活している。0〜5歳児、定員90名。

アイデアを紹介してくれた先生

主任加藤美穂先生

壁際に並べたロッカーの前を生活スペース、それ以外を遊びスペースにしている。

こだわりアイデア1

本棚や観葉植物で 間仕切り

広い幼児室は歩けるようになったばかりの子どもから5歳児までが過ごす生活と遊びの場所です。保育室を生活スペースと遊びスペースに分けて使っています。遊びスペースは活動によって緩やかにコーナー分けをし、それぞれテーブルやいす、クッションなどを置いています。

間仕切りには、DIYで作った本棚や観葉植物を活用しています。本棚は高さを抑え、背板はあえてつけず、向こう側の空間も見通すことができるようにしました。植物の緑の効果もあって、ゆったりとした雰囲気づくりにひと役買っています。

こだわりアイデア2

地域に向けた フリマコーナー

晴れた日には園の門の外に、無人無料のフリーマーケットコーナーを設置しています。不用になった子ども服などを誰もが自由に入れられ、自由に持ち帰れます。リユース促進と地域の子育て支援を目的とし、保育園に通っていない家庭も利用できます。

洋服の種類別、身長別にかごが設けられている。

※園の情報、アイデアは取材した2020年11月時点のものです。

天板に人工芝を貼ったタイプ。ブロックを落としても耳ざわりな音がしない。

こだわりアイデア3

片づけ簡単 ブロック遊び専用テーブル

天板を四角く切りプラスチックのかごをはめ込んだ、ブロック遊び専用のテーブルを2種類作りました。子どもは立って、卓上でブロックを組み立てて遊びます。縁は角材で高くしてあり、ブロックが床に落ちにくくなっています。遊んだあとはバラしてかごに戻せば片づけ終了です。床で遊ぶのと違い、まわりで遊ぶ子どもがうっかり壊してしまうことも少ない、ブロック遊びに熱中できる便利なアイテムです。

大勢で遊べる大型タイプ。 四隅にかごを備えている。

こだわりアイデア4

輪切りの木を使ったペン立て

お絵描きや粘土遊びなどをする造形コーナーには、材料や道具の収納棚があります。棚の一番上には木を輪切りにして作ったペン立てを置きました。木に重みがあるので、倒れにくいのがメリットです。

ペンを色分けして立てると見た目に美しく、手にしたくなる。

こだわりアイデア5

本が倒れにくい 木製絵本立て

手作りの本棚に手作りの絵本立てを置き、表紙が見えるように絵本を並べています。絵本立てはベニヤ板に大小2枚の板材を立てて、底からネジでとめて作りました。倒れにくいので、子どもにも出したり入れたりしやすいです。

横から見たところ。

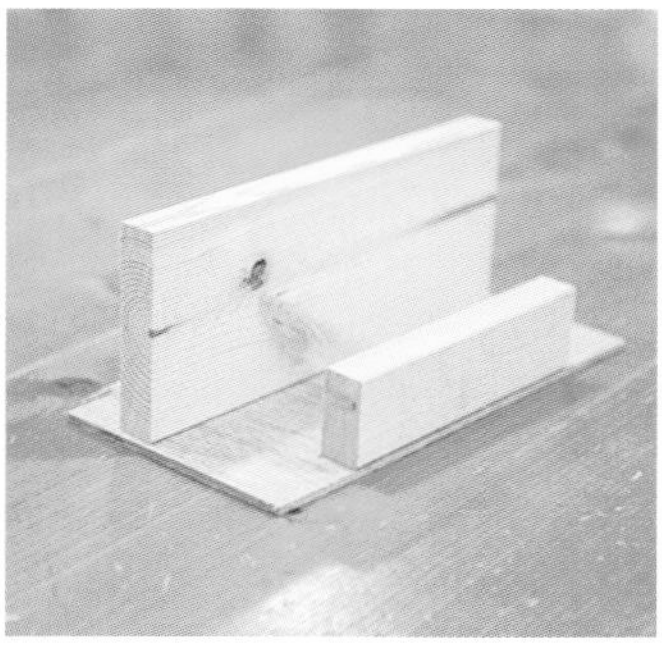

こだわりアイデア6

三つ編みが楽しめる人形

髪に見立てた3本の長いひもをつけた女の子の人形を作りました。髪を三つ編みにして遊ぶおもちゃです。結び方を教えるときに説明がしやすいように、ひもは3色にしています。顔の部分はフェルトで作りました。

子どもが立ったときに手の高さになるように、壁に吊るしてある。

こだわりアイデア7

間仕切りにも遊びにも使えるパーティション

0歳児室には牛乳パックで作ったパーティションがあります。牛乳パックをつなげて四角い枠を作り、3つ連結して作りました。布で装飾し、消毒しやすいように表面をコーティングしました。子どもたちは窓から顔を出すようにして向こう側をのぞくのを楽しんでいます。

枠同士を布テープで連結した。

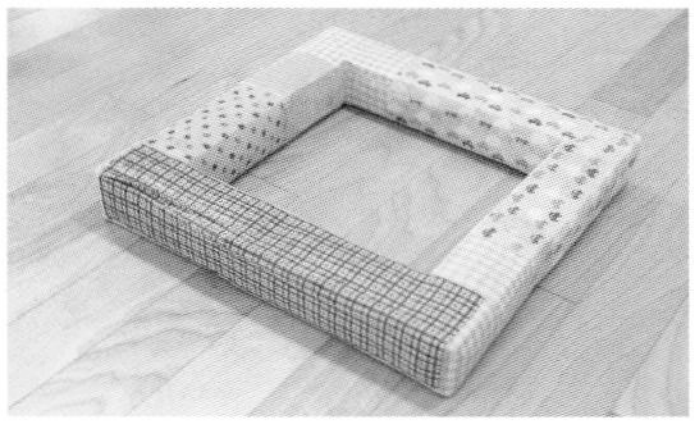

8本の牛乳パックをつなげて作った四角い枠。1本の牛乳パックの中に、空の牛乳パック8本分を詰めて、つぶれないようにしている。

こだわりアイデア8

つかんで離すおもちゃ

台所用品や手芸用品など身近な素材を組み合わせて、ポットン落としや移し替えのおもちゃとして遊んでいます。安全面と丁寧なやりとりをする視点から、これらのおもちゃを使うコーナーは定員を4人までと決めています。

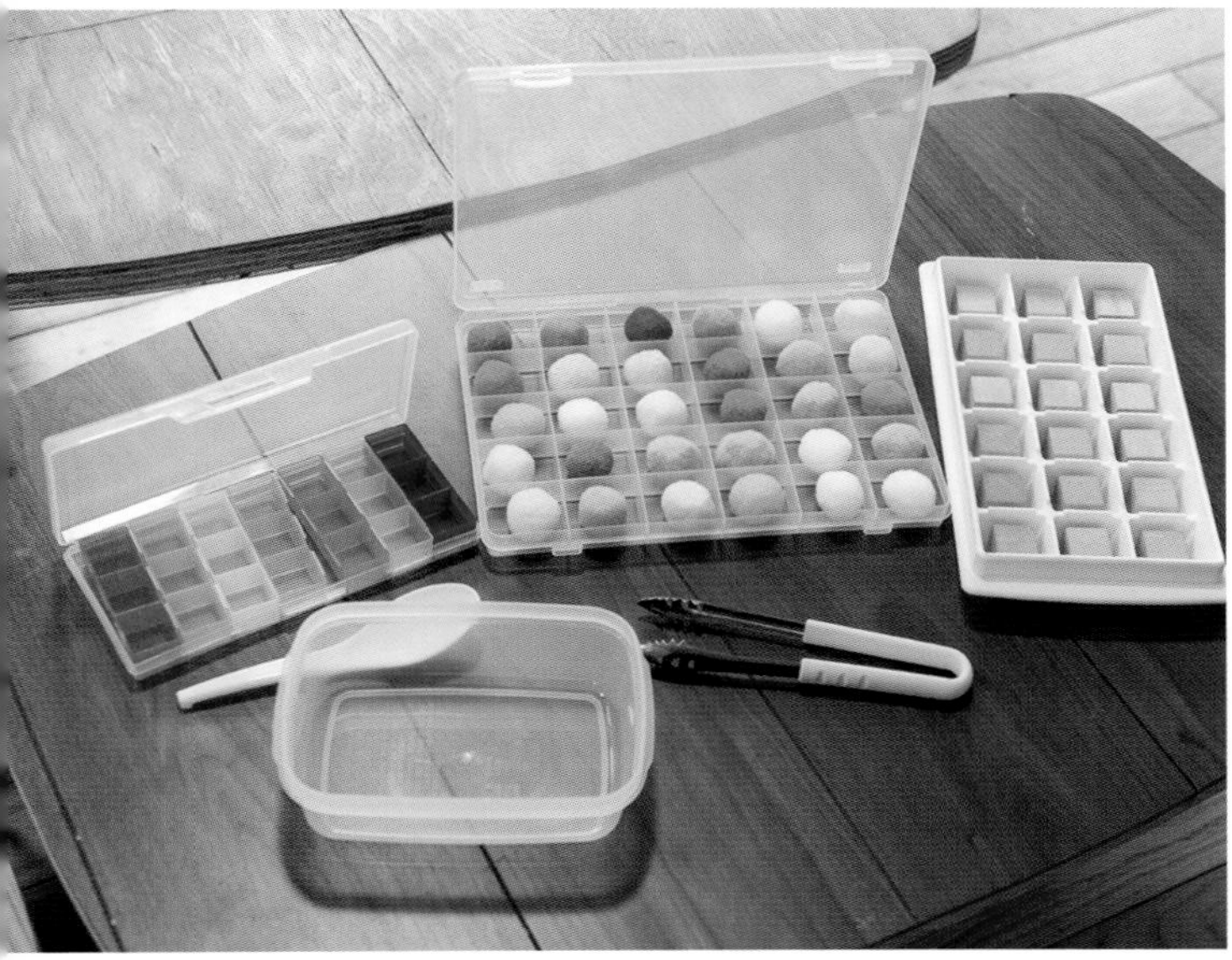

製氷皿やピルケースにサイコロ状の木やフェルト製の玉を入れたおもちゃ。トングやレンゲで移し替えて遊ぶ。

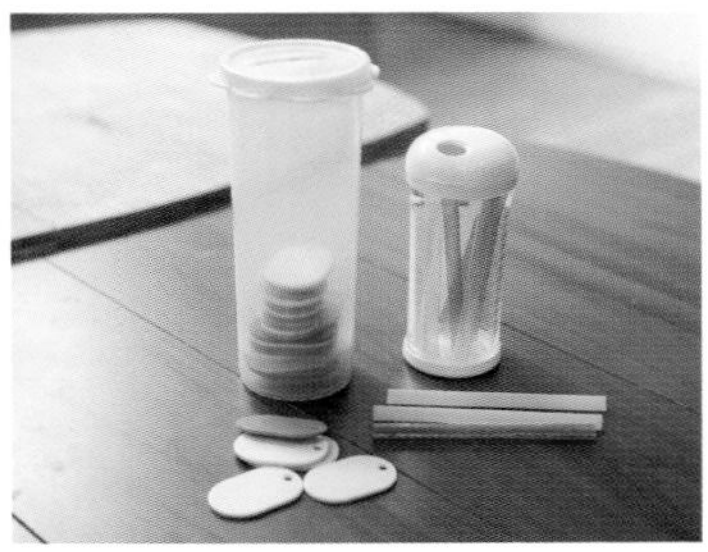

ストローや番号札を使ったポットン落とし。

こだわりアイデア9

保育者と一緒に遊ぶためのカード

絵本の表紙や写真を活用してオリジナルのカードを作りました。色ごと、種類ごとに仲間集めや違うもの探しをして遊びます。保育者が言葉をかけながら、一緒にコミュニケーションを楽しむおもちゃです。

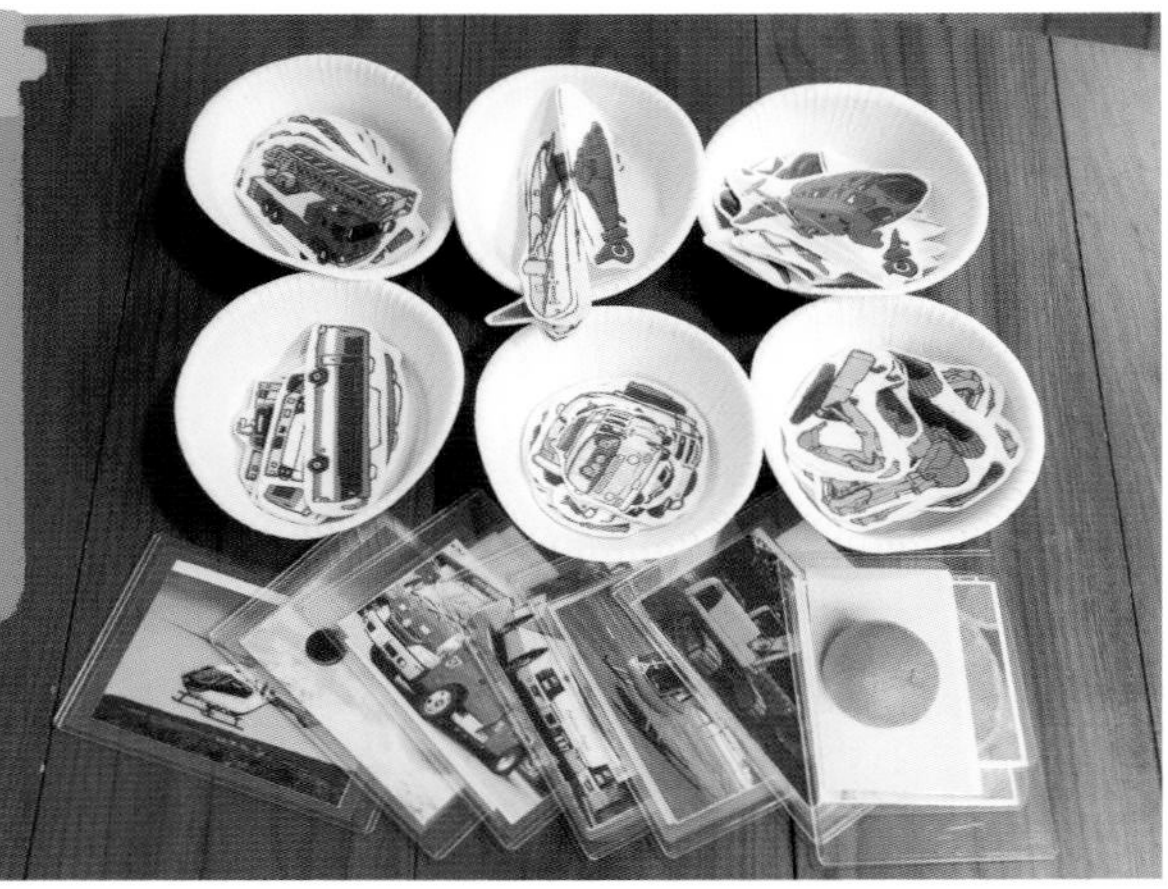

絵本の表紙（カバー）を切り抜いてパウチ加工した乗り物カード（写真上）、乗り物や果物などの写真をカードケースに入れたもの（写真下）。

こだわりアイデア1

飾るものが映える手作りの棚

玄関には大きな飾り棚を置いています。あえて隙間を多く取り、保育室が見通せるように工夫しています。棚には誕生月の子どもの写真や、植物などを置いています。棚の上方には、ドライフラワーも飾り、家庭のような穏やかな雰囲気を醸し出しています。観葉植物は各保育室にも飾っています。

2歳児保育室に飾られた観葉植物。

こだわりアイデア2

靴に入った砂を出す「すないれ」

園外から帰ったあとの靴が砂だらけのときは、室内に持ち込まないように「すないれ」箱を置き、この中に砂を出しています。「『おみやげ』はここに入れてね」と声をかけ、子どもたちが外から持ち帰った小枝などもここに入れてもらっています。

箱にはポリ袋がかぶせてある。

まちの保育園 六本木
（東京・港区）

ナチュラルスマイルジャパン株式会社が2012年に開園した認可保育所。“「まちぐるみ」で子育てを、子どもたちと「まちづくりを」”をモットーに、保育を行っている。0〜2歳児、定員38名。

アイデアを紹介してくれた先生

左から0歳児低月齢担当片岡先生、1歳児高月齢担当西堀先生、2歳児担当小林先生、0歳児・1歳児混合担当伊藤先生。
※月齢を考慮した4つのクラス編成になっています。

※園の情報、アイデアは取材した2021年4月時点のものです。

こだわりアイデア3

玄関ロビーに保護者用ベンチとスツール

玄関を入ってすぐの場所に、お迎えに来た保護者が腰かけられるように専用のベンチやスツールを置いています。保育園は子どものための場所であるのと同時に、保護者にとっても心地よい場所であってほしいと考えています。

背面の飾り棚には、保護者に読んでほしい本を選んで並べています。本は希望者に貸し出しもしています。

こだわりアイデア4

木の枝で作ったフレーム

50ページ上の写真を見てわかるように、モビールの支柱や手作りフレームとして、木の枝を随所に使っています。下の写真は0歳児保育室の壁にかけられていたもので、今後はドキュメンテーションを掲示する予定です。

都会の真ん中の保育園ながら自然の空気を感じることができます。

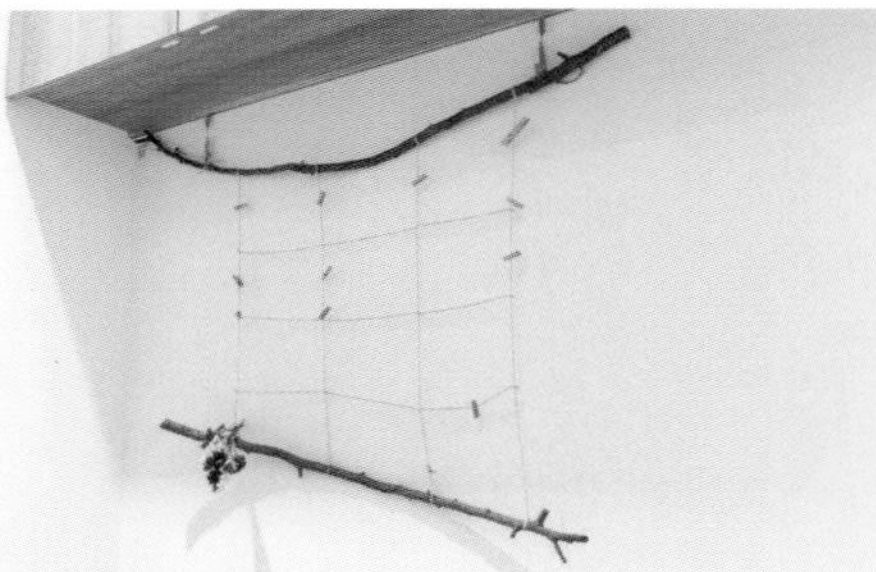

枝は、散歩のときに拾ってきたものや、山梨県清里での「森へ行こう」という活動で子どもが拾ってきたもの。

木製のベンチに敷いたのは「ギャッベ」（羊毛100％で素朴な模様の手織りじゅうたん）。

こだわりアイデア5

0歳児に大切な動作や姿勢を促す手作りの道具

0歳児室で牛乳パックで作った枠（右下の写真）をマットの上に置くと、子どもたちが中に入ったり出たりして遊びます。日常で減ってきた「またぐ」動作を自然に促します。

左下の写真の長クッションは腹ばいの体勢をしやすくするために置いてあります。古い布団を巻いて、布で包んでいます。立てかけて、おすわりを支える背もたれにすることもあります。

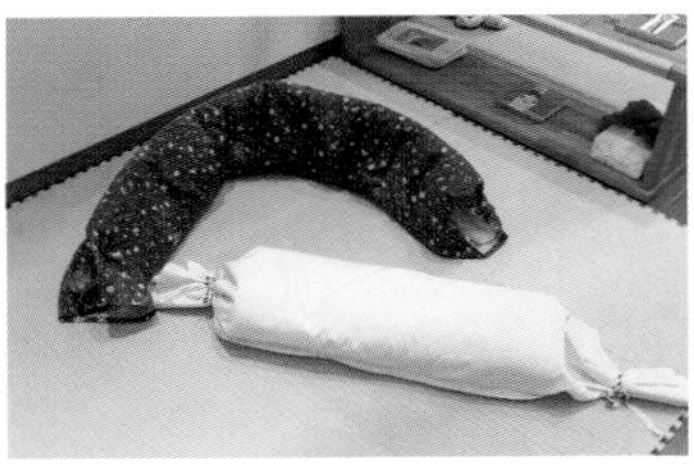

こだわりアイデア6

お風呂マットで作った足置きと踏み台

浴室に敷くお風呂マットを利用して、いすの足置きを作りました（右の写真）。足置きの裏面には滑り止めを貼っています。

手洗い場の踏み台の詰めものとしても、お風呂マットはちょうどいいかたさで、軽すぎず重宝しています（左の写真）。キルティング製のカバーで覆っているので、柔らかな感触です。

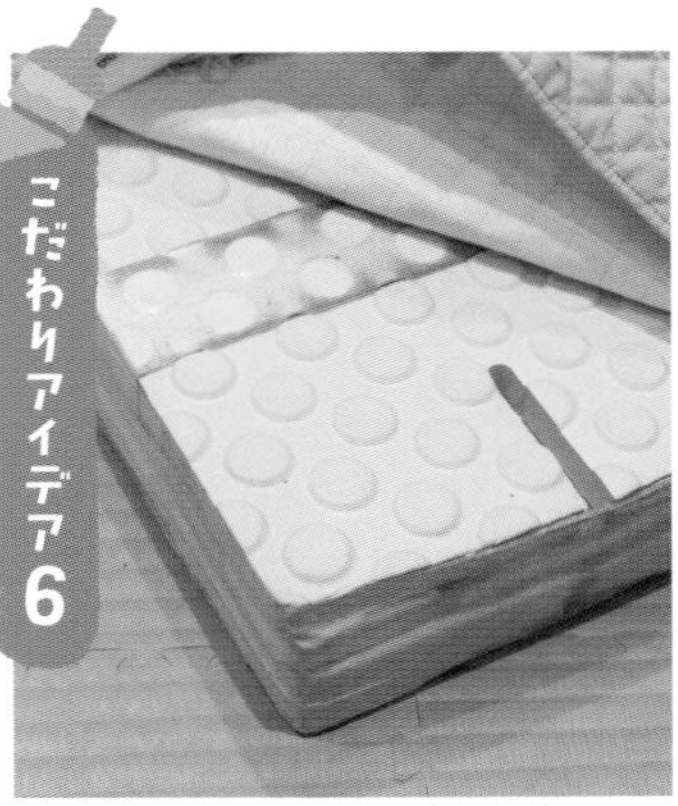

こだわりアイデア7

目線の高さを意識した収納

高月齢の0歳児と低月齢の1歳児でひとつのクラスを編成し、同じ保育室で過ごしています。つかまり立ちができるようになっている子どももいれば、ハイハイをしている子どももいます。どの子どもも自分で遊びが見つけられるように、子どもの目線の高さを意識しておもちゃを配置しています。

棚の上段はつかまり立ちをしたときの目線で見やすい高さになっており、主に1歳児の発達に合わせたおもちゃが置いてあります。下の段は、腹ばいや四つばいの姿勢で目に入りやすい高さなので、振ると音が出るおもちゃなど、小さい子どもが好きなものを置いています。部屋の奥の絵本のディスプレーラックには、1歳児が好きな絵本を置いてあります。

掛け時計と、小物を飾った室内窓は、ちょうど大人の目の高さになるように設置した。

こだわりアイデア8

大判のオーガンジー生地でわらべうた

0～2歳児のすべての部屋に、オーガンジー生地の布を置いています。わらべうたを歌いながらのふれあい遊びに使います。

ほかにもままごとの素材、ごっこ遊びでの衣装など、幅広く使われています。優しい肌触りで透け感もあるので、顔にかけられても怖がりません。

人形を子どもに見立てて、わらべ歌をうたっている様子。

こだわりアイデア9

マネしたい時期の1歳児にミニふきん

子どもの目線に合わせて低い位置に吊るしてある。

身近な人の動作やしぐさをまねしたがる1歳児のために、子どもの手の大きさに合うミニふきんを作りました。保育者が消毒のためテーブルや壁を拭くとき、子どもたちがオーガンジーの布を手にして拭くまねする姿を見て思いつきました。

子どもたちはミニふきんを使っていろいろなところを楽しそうに「消毒」してくれています。ままごとの中でもよく使われています。

こだわりアイデア10

いつでも遊べる肋木

0歳児・1歳児混合クラス、1歳児クラス、2歳児クラスの保育室にはそれぞれの年齢に合ったサイズの肋木(ろくぼく)を置いています。常時出してあるので、子どもたちは登ったり、くぐったりと、保育室で日常的に体を使った遊びができます。スロープを取りつけて滑り台にすることもあります。

0歳児の保育室では、体の発達を考慮して設置する時期を決めています。

1歳児室。入り口前に置いておくだけで、「なんとなく」登ってしまう子も多い。

2歳児室。肋木のある窓辺が体を動かすコーナー。

こだわりアイデア11

床暖房の熱を通しやすい置き畳

2歳児になると自分で着替えをし、個人ロッカーに片づけるようになります。ロッカー手前の置き畳が敷いてある場所は、着替えスペース兼絵本コーナーです。和紙製の置き畳は床暖房の熱を通しやすい薄型で、特注品です。イ草で作られた畳に比べてはっ水性が高く、ダニが発生しにくいメリットがあります。すべての保育室で使っています。

ロッカーは廊下に面していて、廊下側には扉がついているので保護者が保育室に入ることなく荷物を出し入れできます。

こだわりアイデア12

手作りのお医者さんセット

ごっこ遊びが増えてくる2歳児に、お医者さんセットをフェルト生地で手作りしました。ばんそうこう、薬、体温計、聴診器がセットになっています。ばんそうこうは面テープがついていて、指に巻いて止めることができます。赤ちゃん人形をお世話する中で、お医者さんが登場することもあります。

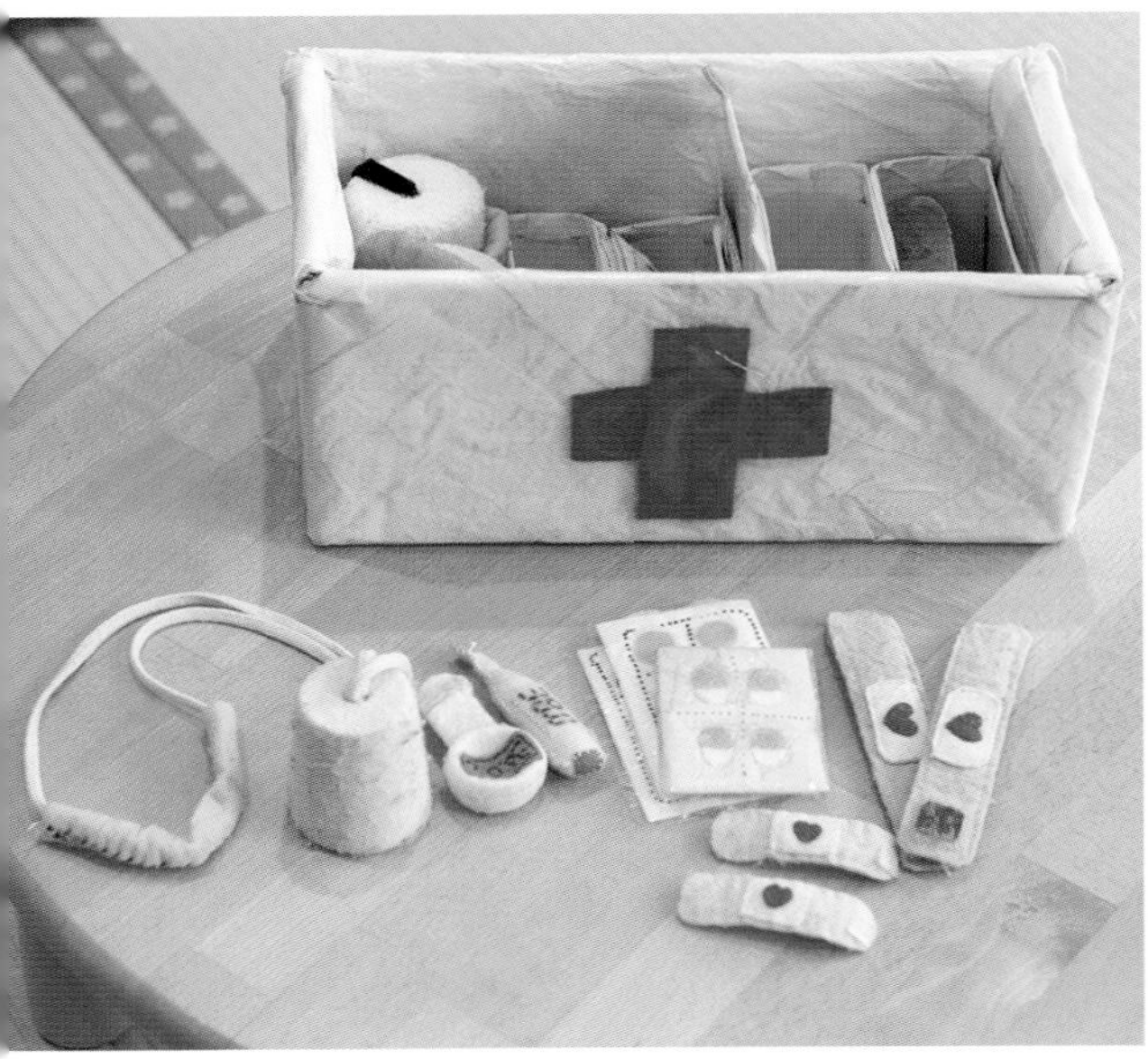

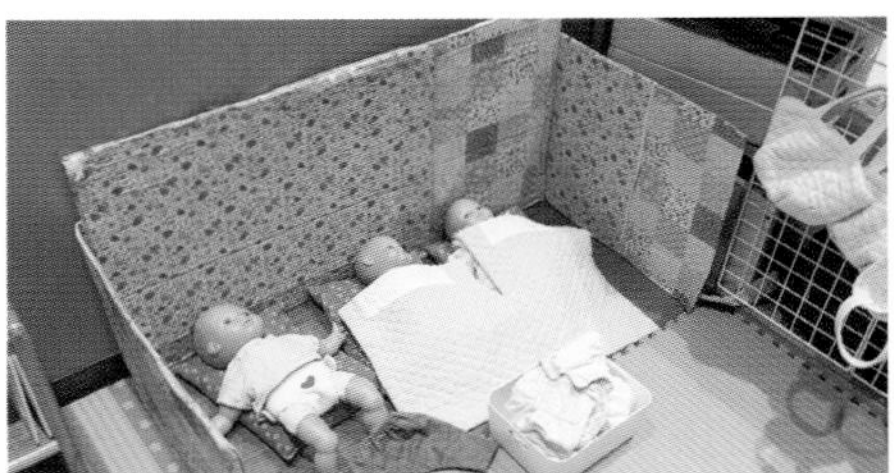

赤ちゃん人形のおむつや着替えも保育者の手作り。

箱を縦に置いたところ。パーティションとしても活用している。

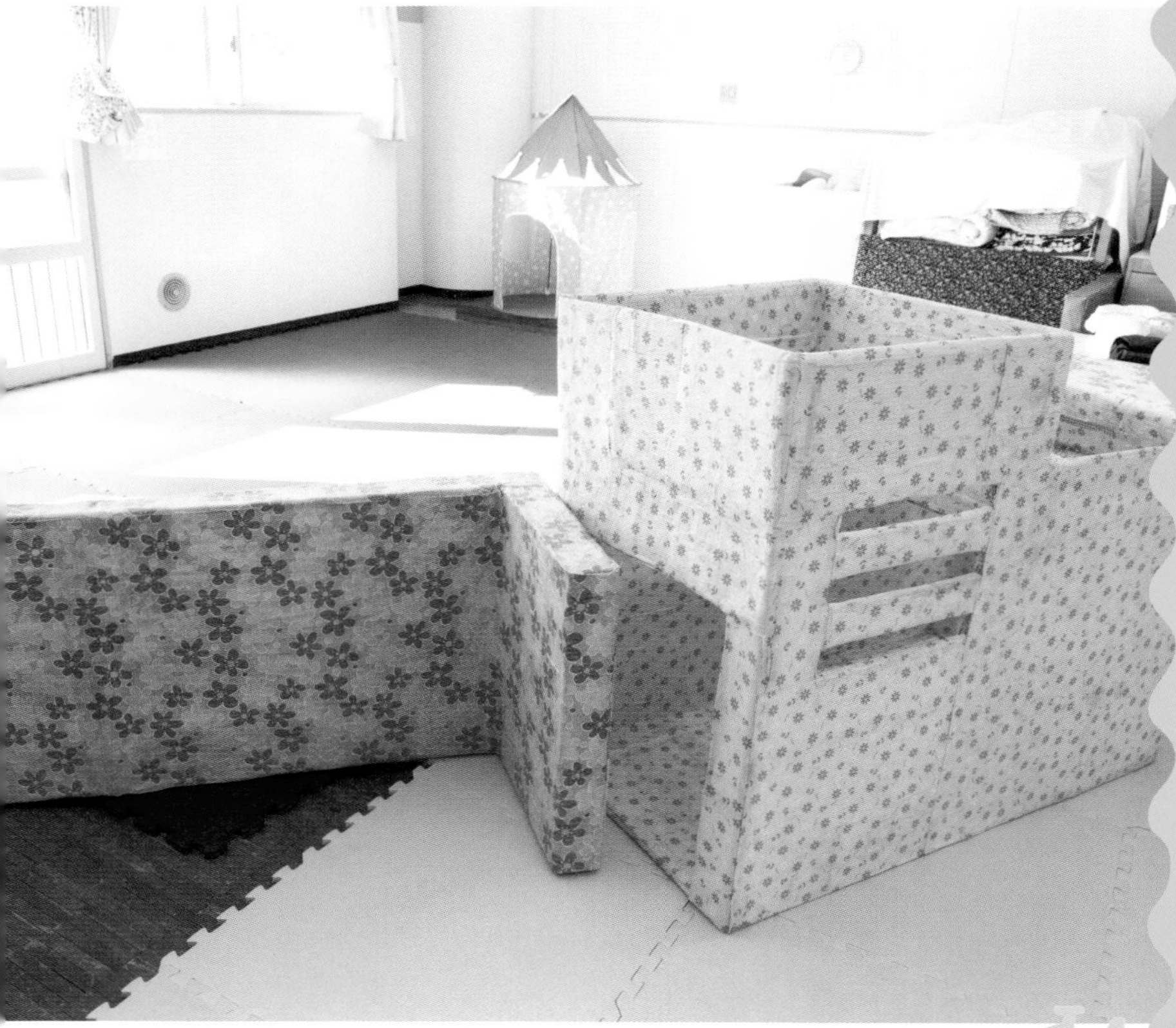

墨田区立中川保育園

（東京・墨田区）

1963年開園。五感を使った遊びを大切にしている。0〜5歳児、定員112名。

アイデアを紹介してくれた先生

0歳児担当左から小林由紀先生、高橋祐三子先生、佐々木知美先生。

1歳児担当加藤杏菜先生。

2歳児担当谷里恵先生。

こだわりアイデア1

置き方で遊び方が変わる箱型の室内遊具

家電品のダンボール箱をふたつつなげて、0歳児のために箱型の遊具を作りました。縦に置くと中に入って、静かに遊べる場所になります。つかまり立ちができる子どもは、小さな窓から外をのぞくのも楽しいようです。横にすると、4か所の出入り口からハイハイで通り抜けて遊ぶことができます。

ダンボールに紙を重ねて貼って補強し、さらに木工用接着剤で布を貼りました。そのため重量があり、子どもが寄りかかっても倒れません。

身長の異なる子どもの目の高さに合うよう、3つの小窓をあけた。

横置きした状態。ふたつの出入り口と箱のつなぎ目には敷居のような段差があり、足の運動にもなる。

※園の情報、アイデアは取材した2022年12月時点のものです。

こだわりアイデア2

中に入っていいカラーボックス

収納のためではなく、入りたい子どもが中で遊べるカラーボックスを0歳児の保育室に置いています。中に入っておもちゃで遊ぶ子ども、いないいないばあをする子どもなど、それぞれに狭い空間を楽しんでいます。出入りするときに枠にぶつかっても痛くないように、クッション材を貼って布でカバーしました。

こだわりアイデア3

立体的にも作れる「ボタンつなぎ」のおもちゃ

2歳児には、フェルトを使い、異なる2種類の「ボタンつなぎ」のおもちゃを手作りしました。ボタンホールでつなげるタイプのものは、円形、四角形、魚の形などさまざまなタイプのものを揃えました。長くつなげて腰に巻いて変身遊びに使ったり、ままごとの食材にしたりして遊んでいます。

スティック状のものはスナップボタンを両端と側面にもつけているので、たとえば左下の写真のように、立体的につなげることもできます。

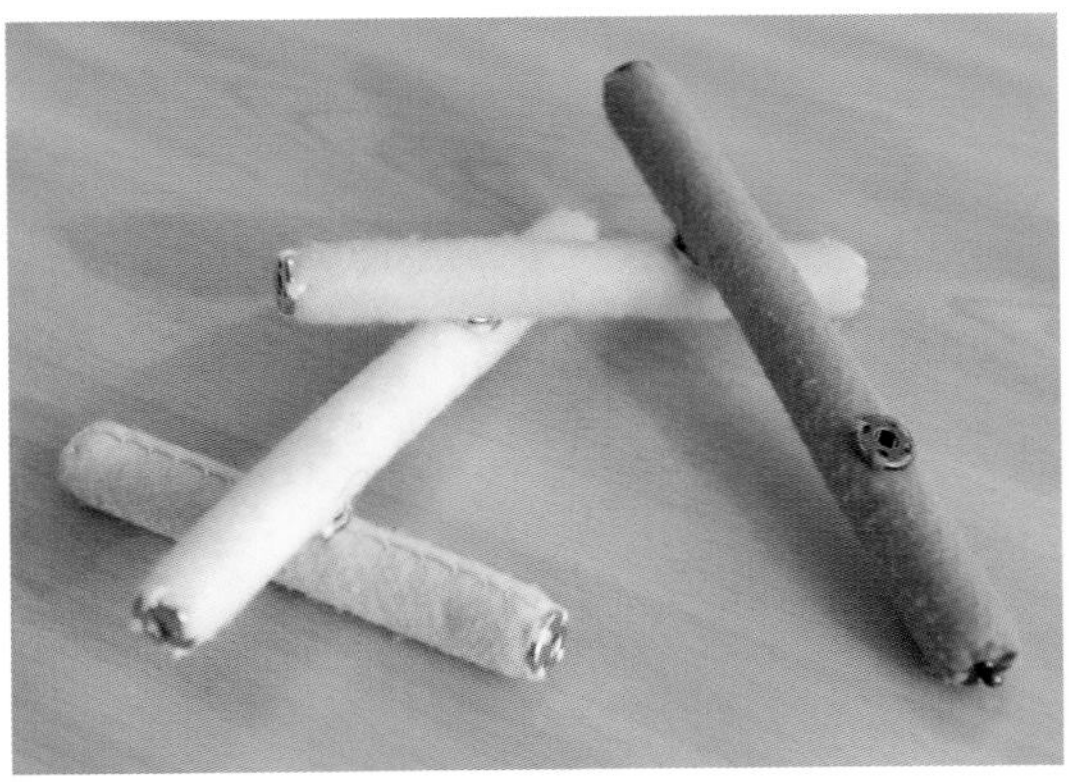

こだわりアイデア4

不思議な感触のおもちゃ

おもちゃは手作りにこだわらず、既製品にも目を向けながら、使えそうなものは保育に取り入れています。丸いパーツ（バブル）を押して遊ぶシリコン製のおもちゃを、2歳児室に置いています。不思議な感触にやみつきになる、子どもだけでなく保育者にも人気のおもちゃです。

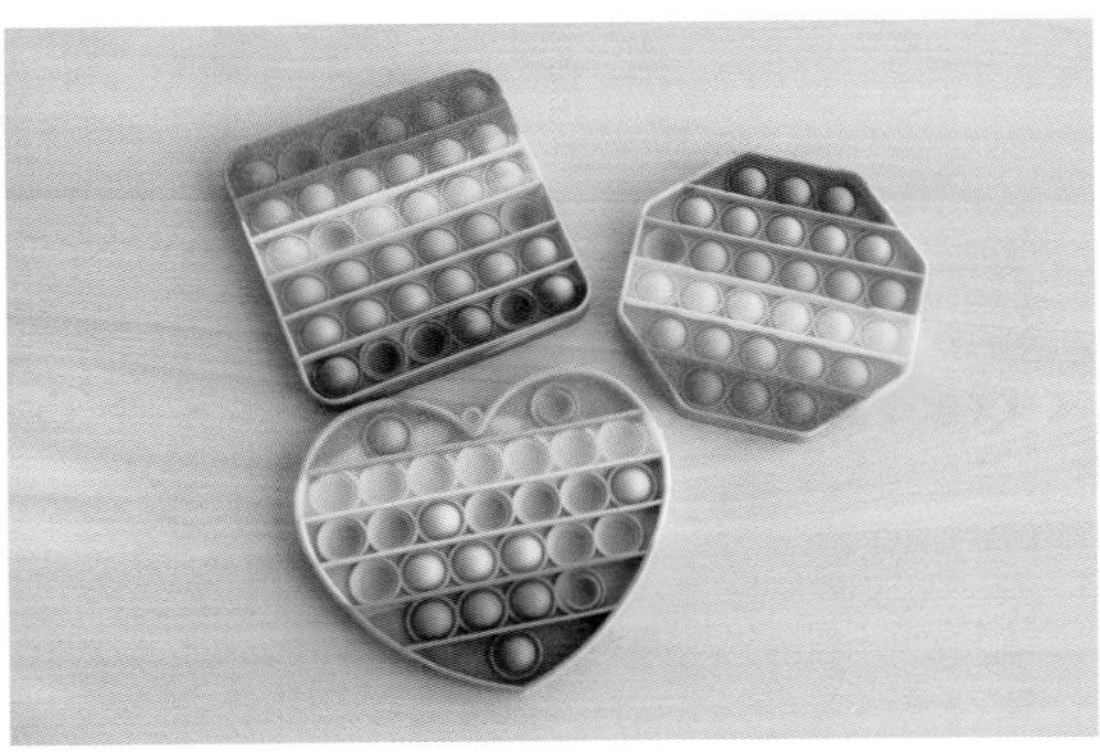

こだわりアイデア5

本物らしさにこだわって作った 自動販売機

1歳児室の壁ぎわには、飲料の自動販売機を模した手作り遊具を設置しています。ダンボール箱にアルミシートを貼り、正面には9枚のクリアファイルを貼ってポケットにして、飲料の写真を入れています。ボタンに見立てた丸シールを子どもが押したら、保育者が側面にあけた穴から色水入りのペットボトルを落とし入れます。取り出し口に落ちるときのゴトン！　という音が、本物っぽさを演出します。

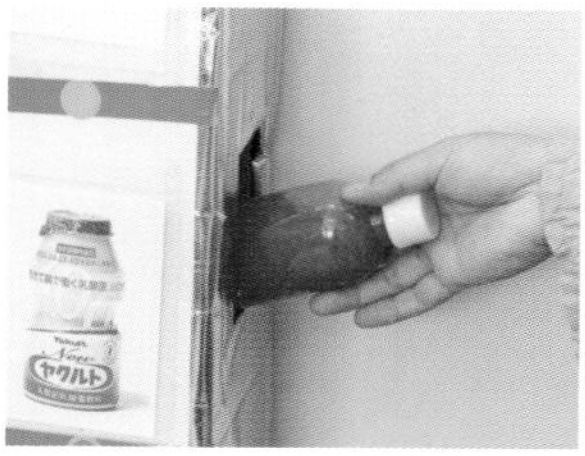

飲料の写真は多めに用意し、ときどき入れ替えている。

こだわりアイデア6

ペットボトルを利用したカラフルなおもちゃ

ペットボトルに消臭ビーズ（置き型消臭剤）を入れて、スノードームやマラカスを作りました。ゼリー状のビーズが落ちてくるときの不思議な動き、マラカスから手に伝わるブルブルという振動に子どもは夢中になります。

左下の写真はチェーンリングのパーツに透明のコイルストラップを通し、両端をペットボトルの底面とふたの裏にとめたものです。回転しながら落ちてくる星形パーツの、独特の動きが楽しいおもちゃです。

右の小さい4本のペットボトルは水のりに消臭ビーズを入れたスノードーム。中央の2本は消臭ビーズのマラカス、左端はチェーンリングのパーツとコイルのおもちゃ。

※キャップがゆるまないようにテープを巻き、毎日点検している。

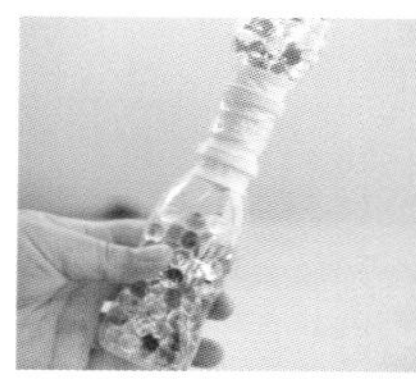

コイルを伝って星が降りてくる（写真左）。消臭ビーズの動きと手に伝わる振動がおもしろいマラカス（写真右）。

こだわりアイデア7

素材ごとの音の違いを楽しむ マラカス

お米、ポップコーンのトウモロコシ、ゴマなどの食材を小さなペットボトルに入れて、マラカスを作りました。中が見えるようにしてあるので、子どもは素材ごとの音の違いを認識して楽しんでいます。ふたにはフェルトで作った動物の顔をかぶせました。人形遊びにも使われています。

運ぶときはふたをして、箱に通したひもを結ぶ。

こだわりアイデア8

持ち運びのしやすさ重視の 避難靴入れ

左の写真は2歳児の避難靴入れです。ダンボール箱を利用しています。布を貼り、補強して作ったケースに、粉末洗濯洗剤の空き箱を敷き詰めました。1足ずつ立てて入れ、誰の靴かがひと目でわかるように収納しています。

持ち運びしやすいように、幅広のベルトをつけました。ショルダーバッグのように肩にかけたり、片手で引きずったりして運べるので、いざというときに両手がふさがることがありません。

こだわりアイデア9

お世話遊び人形の おんぶひも

お世話遊びが増えてくる2歳児のために、人形用のおんぶひもを作りました。キルティング生地に、手芸用のゴムバンドで作った肩ひもと足入れを縫いつけました。月齢が高い2歳児なら、大人の手を借りずに人形をおんぶすることができます。

写真右は裏から見たおんぶひも。

注ぎ口を開けたところ。

こだわりアイデア10

注ぎ口が 実物のような ままごと用の 飲料パック

まねっこ遊びが楽しい時期の2歳児たちは、保育者が飲料の注ぎ口をあけてコップに注ぐ動作をマネするのが大好きです。ままごと遊びで使う飲料パックは、牛乳などアレルギーのある子どもに配慮して本物の空きパックは使わずに、厚紙で手作りしました。注ぎ口は布粘着テープで補強し、くり返し開け閉めができるようにしてあります。

天蓋を吊るした２歳児室。

練馬区立 石神井町 さくら保育園

（東京・練馬区）

1963年開設、2012年より社会福祉法人高洲福祉会が委託運営。「子どもたちにとって昼間のおうちでありたい」と願い、穏やかで温かな生活空間となるように保育環境を整えている。0〜5歳児、定員126名。

アイデアを紹介してくれた先生

左から0歳児担当高木和子さん、1歳児担当石井康香さん、2歳児担当渡辺幸恵さん。

こだわりアイデア1

柔らかな光を作る照明カバーと天蓋

室内の光を柔らかくするため暖色系の照明を採用し、障子紙でカバーしています。保育室のところどころに吊るした天蓋（てんがい）を通して、優しい光が部屋に広がっています。照明を白色から暖色に変えたときに気づいた保護者もおり好評です。

こだわりアイデア2

ハイハイすると目に入る床にはめたおもちゃ

0歳児室の床の一角にカーペットのタイルを敷き、2か所を四角く切り抜きました。ひとつには有孔ボードにゴムを通してビーズをつけたおもちゃを設置し、もうひとつにはミラーをはめ込んでいます。

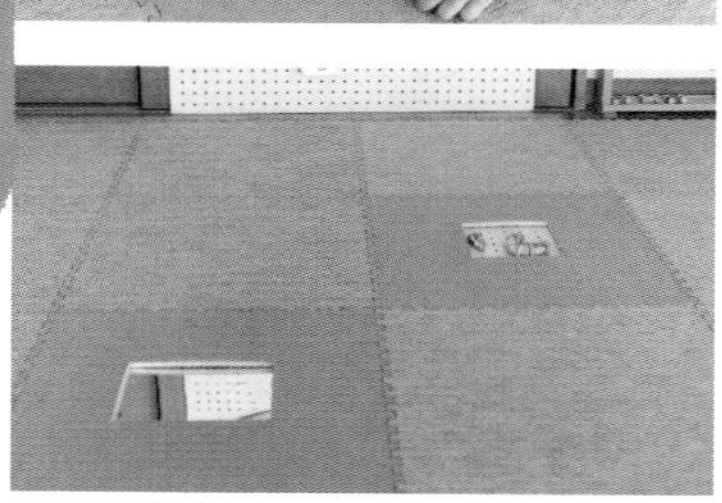

ミラー（左）とビーズのおもちゃ（右）。

※園の情報、アイデアは取材した2019年12月時点のものです。

こだわりアイデア3

どこでも手を洗えるキャスターつき簡易手洗い場

手作りの簡易手洗い場をフル活用しています。ジャグから出した水はボウルの洗面台を通って、下のバケツに落ちる仕組みです。外遊びのあとや食事の前はいつも水道が混雑していましたが、この簡易手洗い場を併せて使うようになってからスムーズな動線を確保できるようになりました。可動式なのでどこでも手を洗えます。保育者が正面から手洗いを見守ることができる利点もあります。災害時の備えとしても心強いアイテムです。

洗い場を裏側から見た構造。

こだわりアイデア4

子どもたちを援助しやすいテーブルの配置

1歳児室の食事コーナーでは、正方形のテーブルを使っています。角度をずらして並べ、間に三角形のスペースをつくり、保育者が間に入って左右のテーブルの子どもを見ます。子ども一人ひとりに目が届き、援助しやすくなります。

こだわりアイデア5

年齢に応じてステップアップする
ボタンのおもちゃ

フェルトにボタンとボタンホールのある手作りおもちゃを1歳児と2歳児の保育室に置いています。年齢が上がるにつれてボタンやホールを小さくしていて、慣れ親しんだ遊びの中で無理なく、ステップアップできるようになっています。

どの年齢も赤、黄、緑、青の4色を揃えています。シンプルな作りなので、子どもたちはいろいろなものに見立てて遊んでいます。

2歳児用。

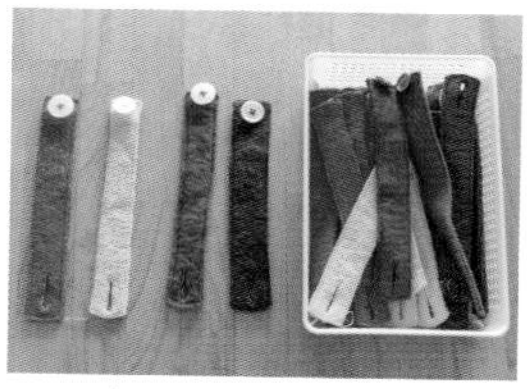
1・2歳児用。

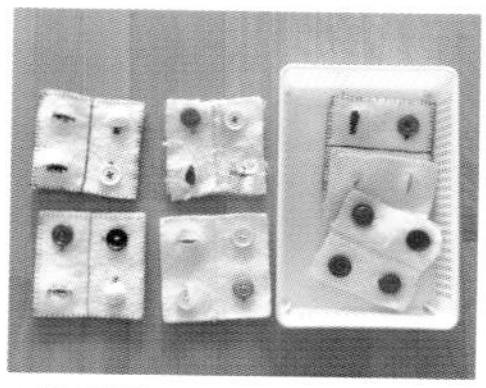
1歳児用。

こだわりアイデア6

いつも一緒に「いる」
ベビー人形

それぞれの年齢の保育室は、遊びの種類ごとにコーナー分けしてあり、その中に必ずあるのが、小さなベッドが並ぶベビー人形のコーナー。0歳児室では最初はクマのぬいぐるみで遊びますが、月齢が上がると、よりお世話が楽しめるベビー人形に変わります。人形はそこに「ある」ものではなく、いつでもそこに「いる」仲間として迎え入れられます。子どもはお世話遊びを通して「優しい心の使い方」を身につけます。

こだわりアイデア7

部屋を彩る
子どもの作品

子どもが作った作品を大切にしたいという思いから、積極的に飾るようにしています。作った子どもの自信につながり、ほかの子どもの「自分も作りたい」という意欲につながります。

飾る場所もこだわっています。たとえば鳥を作ったら、空中を飛んでいるように天井から吊るして飾るなどの工夫をしています。

子どもが作った鳥を吊るし、飾っている。

技アリ！アイデア②

編集部が取材時に見かけた、
本書で取り上げた4つのジャンルに収まらないアイデアを紹介します。

保育室からあえて離した1・2歳児のランチルーム

── おおぎ第二こども園（埼玉・入間市）

昼食やおやつは、専用のランチルームでいただきます。靴を履き、庭を横切ってランチルームに向かいます。場所を変えることで遊びから食べることへと気分が切り替わり、期待が膨らみます。食事やおやつがいっそう楽しい時間になります。

卒乳前の子どもには保育室に設置したミニキッチンを利用して、保育者が子どもから離れることなくミルクを作ったり、おしぼりを用意したりできます。

ガラス戸の奥がランチ専用ルーム、手前は保育室のキッチンスペース。

0歳児にこそランチ専用ルーム！

── おおぎ第二こども園（埼玉・入間市）

キッチンスペース。

0歳児の保育室では、落ち着いて食事ができないことが以前は一番の悩みでした。さっきまで遊んでいた場所、まわりにまだ遊んでいる子がいる環境では、子どもも気が散ってしまいます。専用のランチルームを増築してからは、子どもたちは期待をもって食卓につき、食事に集中するようになりました。かつてテラスだった場所を転用したので、遊びなどのスペースを削らずにすんでいます。キッチンスペースはすぐ隣にあり、動線にも無駄がありません。

シェルターを兼ねた耐震のベッドルーム

── おおぎ第二こども園（埼玉・入間市）

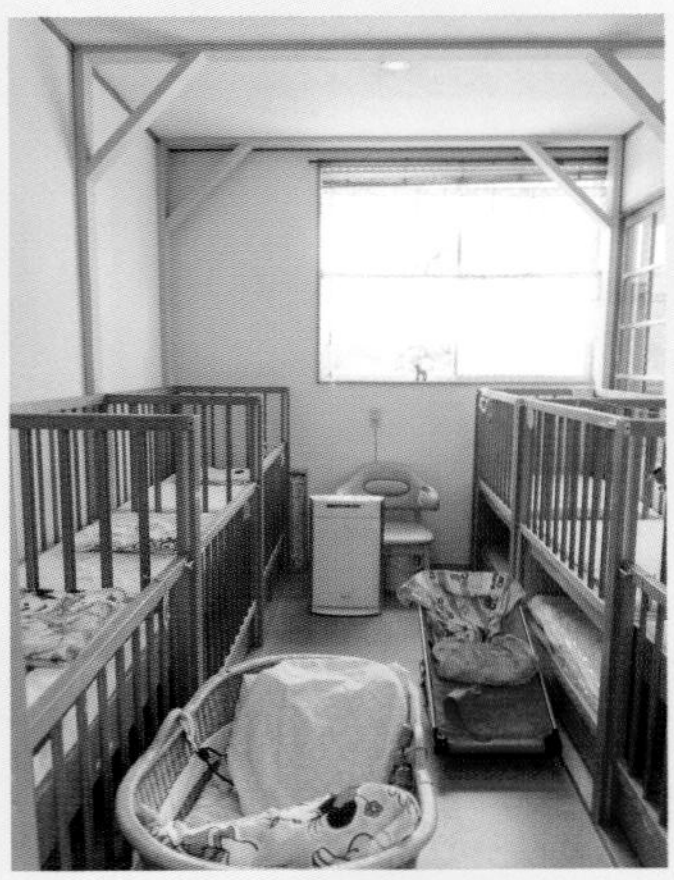

0歳児の保育室は、食べる・寝る・遊ぶ・衛生のゾーンに分かれており、それぞれの活動に集中できるようにしています。

ベッドルームは、引き戸で仕切られた独立空間です。リフォームで天井と壁に耐震用のはりを巡らせ、ベッドは金具で固定する工事を施しました。もし地震が起こった場合には、0歳児は全員ベッドルームに避難します。

まちのてらこや保育園
（東京・中央区）

株式会社サムライウーマンが設立し、2020年から認可保育園にして再スタートした保育園。小規模・少人数であることを生かして、子ども一人ひとりと向き合う保育をしている。0〜5歳児、定員30名。

アイデアを紹介してくれた先生

3歳児担当菅原雅世先生（愛称・よんちゃん）

※園の情報、アイデアは取材した2021年1月時点のものです。

こだわりアイデア1

夢中になれる空間
ダンボールのトンネル

子どもたちと一緒に、ダンボールに白い紙や壁紙を貼って大きなトンネルを作りました。遊び込まれて表面は傷んでいますが、かなり強度があります。子どもたちはこの狭い空間が大好き。ぐったり中で友達と遊んだり、人気の遊具となっています。

ところどころにあけた窓から、中の子どもの様子が見えるので安心。

こだわりアイデア2

小さい子の手にぴったり
牛乳パックのこま

牛乳パックを十字に切り開いて中央にペットボトルのキャップを取りつけたこまです。保育者向けのウェブサイト「ほいくる」に「乳児さんから楽しめる」として紹介されていたものを参考にして作りました。子どもの年齢、回し方によって羽根の長さを調整したところ、幅広い年齢で楽しめました。

ペットボトルのキャップの軸は、小さい子どもでも力を込めやすい。

こだわりアイデア3

片づけたくなる
車両基地&立体駐車場

牛乳パックを4列×3段につなげ、電車の車両基地と車の立体駐車場を作りました。車両基地には線路の絵が、立体駐車場には「P」のマークが描かれています。子どもは「駐車してくるね」といいながら、自然に片づけています。

この棚にはもうひとつ工夫があります。子どもが見やすくかつ取り出しやすくなるように、牛乳パックの口を斜めにカットしてあります。

牛乳パックの切り口が斜めにカットされている。

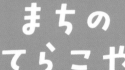

こだわりアイデア4

衣装になったりアイスになったりシフォンスカーフ

リトミック用のシフォンスカーフがさまざまな遊びに使われています。女の子たちの間で今人気なのが、お姫さまごっこです。胸の下にベルトのように1本巻き、そこにスカーフを数枚はさむと、ふんわりしたスカートのできあがり。ほかにも、丸めてコーンに入れてアイスクリームにしたり、ままごとにも使ったりしています。使わないときは牛乳パックを利用して作った引き出しにコンパクトに収納しています。

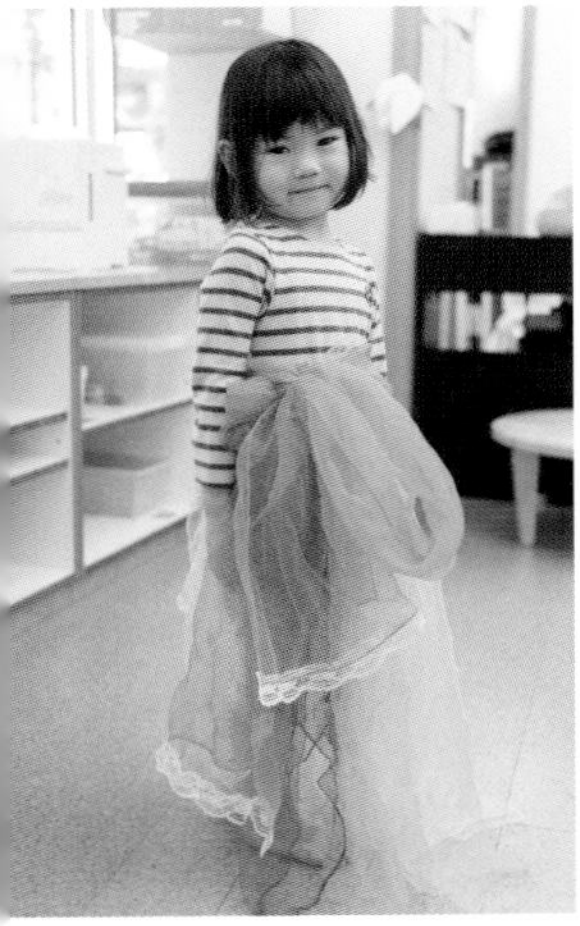

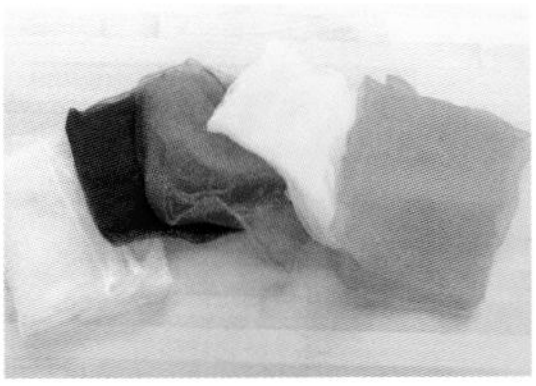

こだわりアイデア5

お散歩帰りが楽しみにおまわりさんの帽子

「もっと外で遊びたいのに帰る時間になってしまった」。そんなときでも楽しく帰れないか？　子どもたちが考えたのは「ピーポで帰る！」。早速おまわりさんの帽子を作りました。お散歩の帰り道が帽子をかぶっておまわりさんになりきる特別な時間になり、園に戻る足取りも軽やかになりました。

紙で作り、透明のテープで補強した。

こだわりアイデア6

運んで遊ぶ牛乳パックのパーティション

1歳児が室内の流しでずっと水を出して遊んでいました。水の遊びだけでなく、ほかにも興味が向くように、牛乳パックで作ったパーティションを置きました。牛乳パック4本でロの字形を作り、それを粘着テープでつなげたもので、たくさんの窓があいています。同様のパーティションを3歳以上児クラスに置いたところ、子どもたち自らが好きなところに運び、閉じた空間を作って遊ぶようになりました。びょうぶのように折れる形で、端を扉のように動かしておうちごっこを楽しんでいます。

こだわりアイデア7

紙芝居の箱で作ったいすアタッチメント

年度当初いすが大きく体に合わない1歳児のために、背もたれや座面、足の高さを調整するアタッチメントを作りました。紙芝居の空き箱にチラシをぎっしり詰めて布テープで彩ったものです。箱のサイズがちょうどいすの幅にぴったり。座面の縁はいすの形に合わせて曲線に仕上げています。

こどもの王国保育園 東日本橋園

（東京・中央区）

企業主導型保育事業の実施施設として、一般社団法人一燈が2019年に開設。「自分で考え行動し責任を持つ人を育てる」を根本理念とし、保育の際に大切にしている点を「8つの大切」、園の環境における柱を「3つの特長」として掲げ、子ども一人ひとりに寄り添った保育を実践している。0〜5歳児、定員30名。

アイデアを紹介してくれた先生

乳児クラス
冒険者チーム（0歳児）と開拓者チーム（1・2歳児）担当。左から、ぱんちゃん、まいちゃ、ともちゃん（園長）、かなちゃん、かっきー。

幼児クラス
探究者チーム（3・4・5歳児）担当。左から、ちなちゃん、りくちゃん、ヌカ。
※園内では保育者も子どもも愛称で呼び合っています。

写真右側の運動用に敷いた折りたたみマット、左側のピンク色のパーティションは、同じ折りたたみマットの色違い。

こだわりアイデア1

立てたり置いたり 折りたたみマット

パステルカラーの折りたたみマットは既製品です。しっかりとしたつくりなので、運動用マットとして使えるほか、蛇腹状に立ててパーティションにしたり、たたんでベンチや踏み台にしたり、幅広く使えます。子どもが持ち運びできるサイズにたためるのも便利です。

テーブルをはさんで置かれているのは、どちらもマットを折りたたんだ「ベンチ」。

こだわりアイデア2

屋内でダイナミックに遊べるブランコ

3・4・5歳児室の天井にハンモック用の金具を取りつけ、ブランコ遊びができるようにしました。保育者が周囲の安全を確認し、見守りながら遊びます。ハンモック金具は多数設置してあり、綱登り用のロープを下げたり、室内を装飾するときに使ったりもしています。

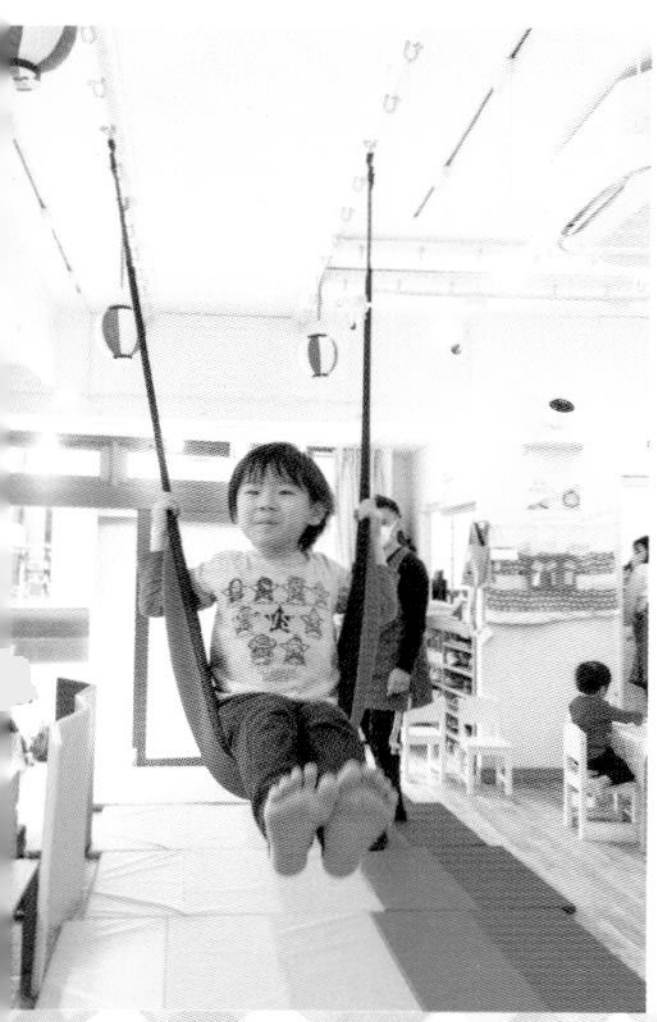

※園の情報、アイデアは取材した2021年3月時点のものです。

こだわりアイデア3

手先、指先を使う おもちゃ

身近なものを使い、遊びを通して手先、指先の力を養っています。細かな手の動きは、着替えや食事で必要な動作につながります。

「あけ移し」は透明の計量カップを両手に持ち、凍らせていないアイスキューブを左右交互に移す遊びです。手首の動きを促します。

ブックエンドに洗濯ばさみをつける遊びは指先の力を伸ばします。見立てて遊ぶ子どももいて、創作や想像を引き出すおもちゃにもなっています。滑り止めマットをのせたトレーを台にしています。

0歳児用に大きめの、力をあまり入れずにつけ外しができる洗濯ばさみも用意しています。

0歳児室の洗濯ばさみ。

あけ移し。

こだわりアイデア4

靴下をはく動作につながる ヘアゴム遊び

コイル状のヘアゴムをおもちゃとして多数揃えています。特に腕や足首にはめる遊びは、「両手で輪を広げる→引っぱり上げる」という靴下をはくときの動作につながります。保育者が一緒に遊びながらその動作を見せ、マネしてみたいという気持ちを引き出しています。

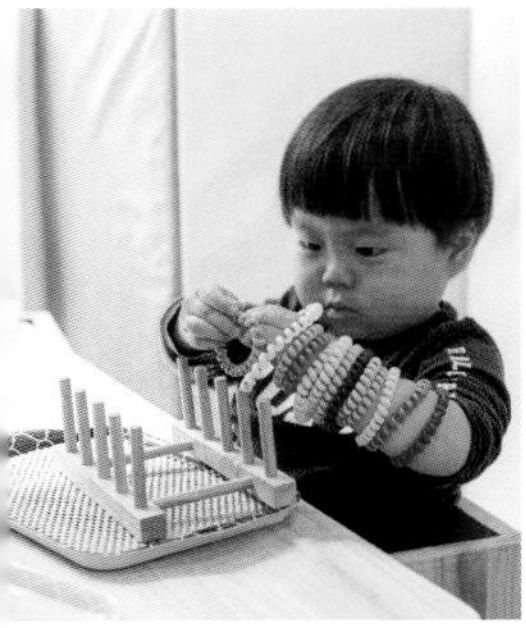

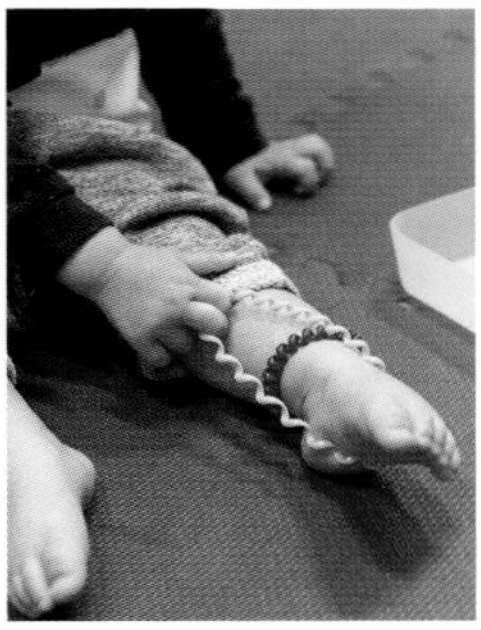

こだわりアイデア5

4つの小箱を備えた 着替え用かご

個人の着替えをかごに入れて、棚に収納しています。1歳児のかごは4つの箱で小分けにし、おむつ、よだれかけ、着替え、洗いものに分類しています。保護者のアイデアで、洗いものの箱には洗濯ネットをかぶせてあり、家に持ち帰ったらそのまま洗濯機に入れられます。

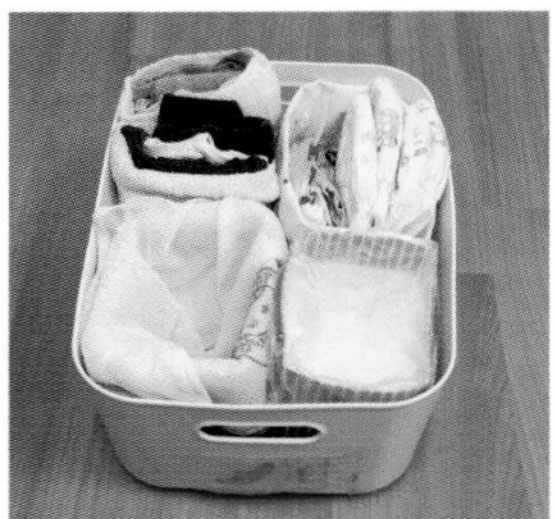

こだわりアイデア6

足置きを追加した いす

特に新学期には、いすに深く腰かけたときに足の裏全体が床につかない子どもがいます。既製品のいすに、いすと似た色や材質の木材を使って足置きを追加、見た目にも美しいオリジナルのいすができました。

カミヤト凸凹（でこぼこ）保育園＋文化教室（神奈川・厚木市）

社会福祉法人愛川舜寿会が2019年に開園。大人も子どももお互いの凸凹を認め合い、「いいところをもっと」という気持ちで保育を行っている。保育園は0〜5歳児、定員90名、文化教室（障害児通所事業）は定員10名。

アイデアを紹介してくれた先生

左から1歳児担当名和知鶴さん、2歳児担当石田聡子さん。

こだわりアイデア1

園舎内でも大活躍の お散歩カート

お散歩時に使うカートを園舎内でも使っています。毎日、昼食前のひとときに1歳児を乗せて外廊下をぐるりと巡ります。友達や先生たちが行き交う中、調理室やお兄さん、お姉さんたちのいる保育室などを眺めながら1周するコースを子どもたちは楽しみます。このカートはアメリカのメーカーの製品で、6人まで乗車可能。日差しや雨をさえぎる幌つきで、側面には通気性のいいメッシュが使われるなど、細かなところで使い勝手がよく、重宝しています。

こだわりアイデア2

淡い彩りの カーテン

カーテンは、自然光が柔らかく透過する「ステンドグラス」のようなイメージで選びました。淡い色の部分がぼんやりと室内を彩ることで、安心して昼寝ができます。すべての保育室でこのカーテンを採用しています。

1歳児保育室。

こだわりアイデア3

透明ボトルとキャップの 手作りおもちゃ

ウオーターサーバーの水のボトルに、ペットボトルのキャップ4個をビニールテープで連結させたものをたくさん入れた手作りおもちゃです。小さな穴からキャップを出し入れしたり、ボトルを振って音を楽しんだりします。キャップを転がしたり積み重ねたりして遊ぶ子どももいます。指先が育つ時期に適した遊びで1歳児にとても人気があります。

※園の情報、アイデアは取材した2020年8月時点のものです。

こだわりアイデア4

保育室の内・外側から アクセス可能な個人ロッカー

0歳児室と1歳児室の間に作りつけたロッカーは、個人の荷物の受け渡しが保育室の内側、外側からできるよう、両側に扉を取りつけています。外側は個人ごとに、内側は縦列ごとに扉を設置しています。着替えなど家庭からの荷物を外側から入れ、保育者は内側から取り出します。対面による直接のやりとりがないので、送迎時に出入り口が混み合うこともありません。ウイルス感染拡大防止の点からも、役に立っているロッカーです。

保育室の内側から見た、扉が閉まった状態のロッカー。

保育室の内側の扉を開けたところ。

廊下から見たロッカー。

こだわりアイデア5

中段に置くものがポイント！日用品棚

エプロン、手拭き、台ふきんなどを子どもの手が届く高さに置いた2歳児室の棚は、子どもの成長に合わせて設置したもの。今必要なものが常に子どもの手に取りやすい中段にあるよう、1日の中でも棚の中のものの配置を入れ替えています。昼食時に台ふきんを中段に置くと、手の届くところにあることで、水をこぼしたときや食事の前後に、自分でテーブルを拭こうという気持ちになれます。

撮影時（午前）に下段に置かれていた手拭き、雑巾、台拭きのかごは、昼食時には中段に移される。

こだわりアイデア6

遊ぶ場所別に収納したおもちゃ棚

2歳児のおもちゃはブロックや自動車など「床で遊ぶもの」と、粘土など「テーブルで遊ぶもの」に分けて棚に置き、自分で選べるようにしています。床で遊ぶおもちゃは、箱を斜めに棒にかけるタイプの棚を使っています。遊ぶときには子どもが箱ごと持っていき、中身を床に広げてそこから選ぶことが多いです。子どもの発達や関心に応じたおもちゃを保育者が選んで棚に置き、そのほかのおもちゃは中が見えない鍵つきの引き出しなどに収納しています。

左側がテーブルで遊ぶおもちゃの棚、右側が床で遊ぶおもちゃの棚。

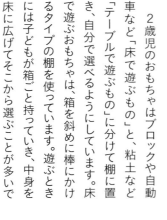

太陽の子 赤坂保育園

（東京・港区）

首都圏を中心に108の保育施設を運営するHITOWAキッズライフ株式会社が2016年に開園した認可保育園。「子どもも大人もワクワクする保育を展開しています！」。0〜5歳児、定員60名。

アイデアを紹介してくれた先生

左から0歳児担当指方真由美先生、1歳児担当伊藤らな先生

左から2歳児担当菅原麻美先生、3歳児担当深溝智大先生

左から4歳児担当大川萌子先生、5歳児担当若林ひかる先生

※園の情報、アイデアは取材した2021年7月時点のものです。

こだわりアイデア1

絵本カバーをコラージュして活用

園では、絵本の読み聞かせから始まる保育を大切にしています。読む前にカバーは外しますが、捨てずに室内の各所のデコレーションに活用しています。

1歳児室では、パーティションを兼ねた手作りロッカーや牛乳パックで作ったブロックに、4・5歳児のトイレでは、ダンボールで作ったスリッパ入れに貼っています。日ごろから絵本に触れることで、子どもたちはより身近に絵本の世界を感じることができます。

こだわりアイデア2

手元に置いて見られるあいうえお表

4・5歳児室では以前は壁にあいうえお表を貼っていましたが、字を書きたいときに席を立って壁まで確認しに行かなくてはなりませんでした。そこで、ラミネート加工して持ち運べるようにし、今では好きな場所であいうえお表を見ながら文字を書いて遊べるようになりました。

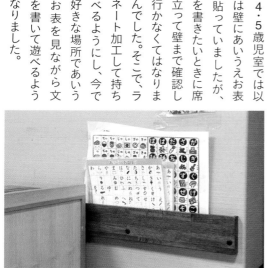

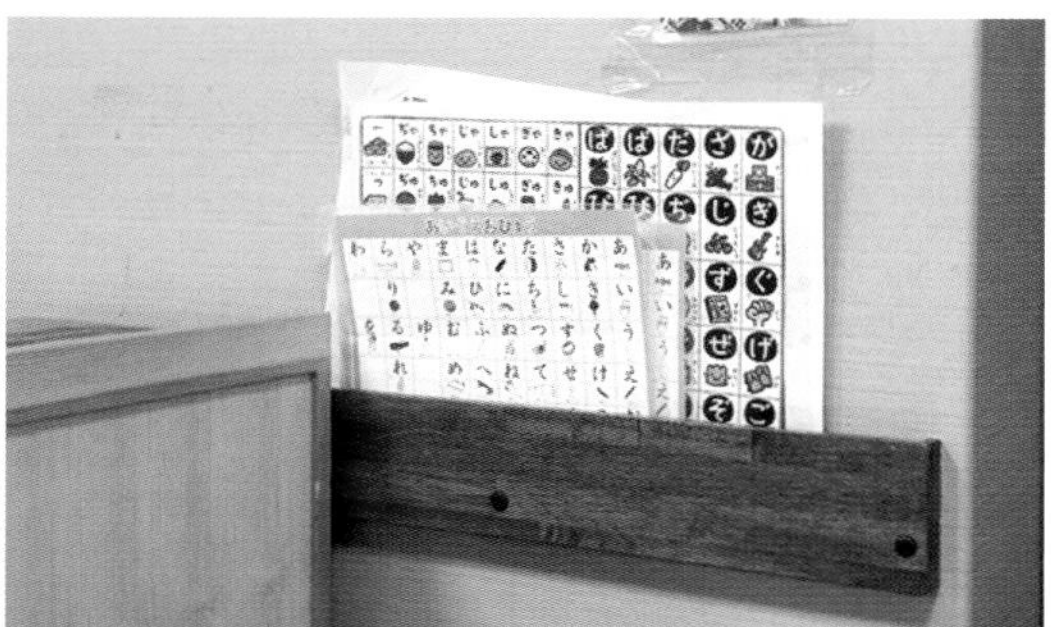

作品に子どもの名前を添えて展示している。

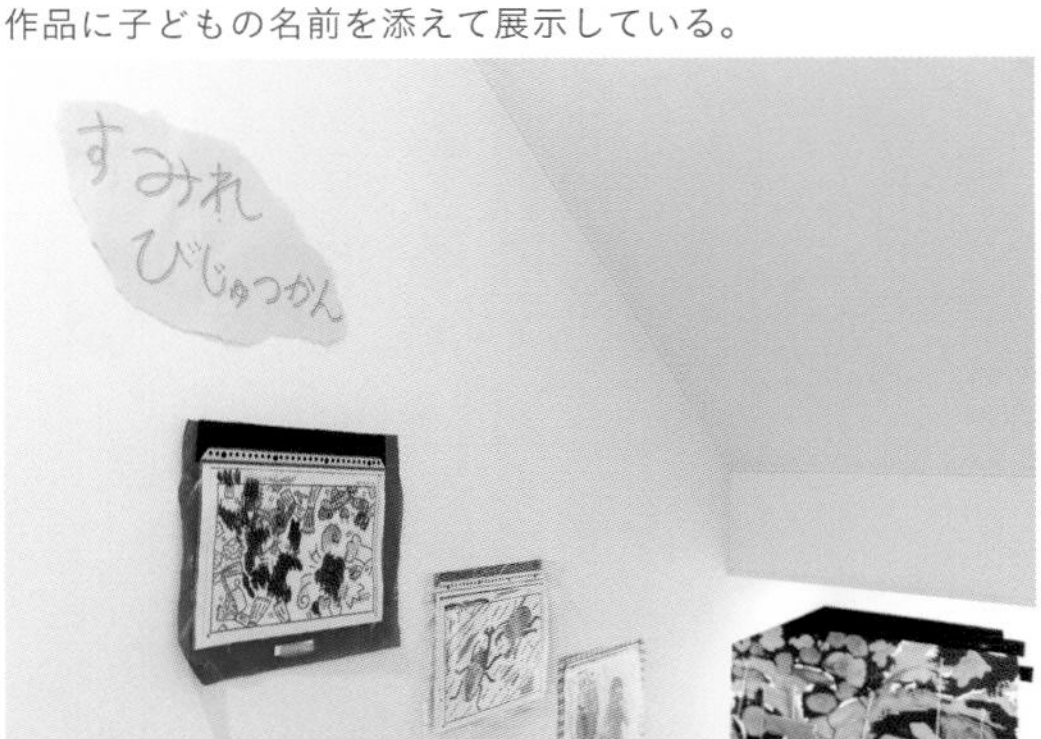

こだわりアイデア3

作品や日々の写真を展示「すみれびじゅつかん」

階段の壁には3歳児すみれ組専用の展示スペースを設けて、送迎時には保護者の目に触れるようにしています。絵や一人ひとりの生活、成長が伝わる写真を展示しています。ペットボトルのキャップを初めて開けられたときの写真など、見過ごされがちな日常のひとこまは、親子の会話のきっかけにもなっているようです。

こだわりアイデア4

柵に取りつけた手作りおもちゃ

0歳児室の窓辺の柵には、筒状のおもちゃを手作りして取りつけました。トイレットペーパーの芯を切り開き、柵に通してから切断面をとめています。動物の顔のついたカラフルなおもちゃを、子どもはつかんで上げ下げして遊びます。おもちゃをさわりたいという気持ちが、立つこと、歩くことへの動機づけになっています。

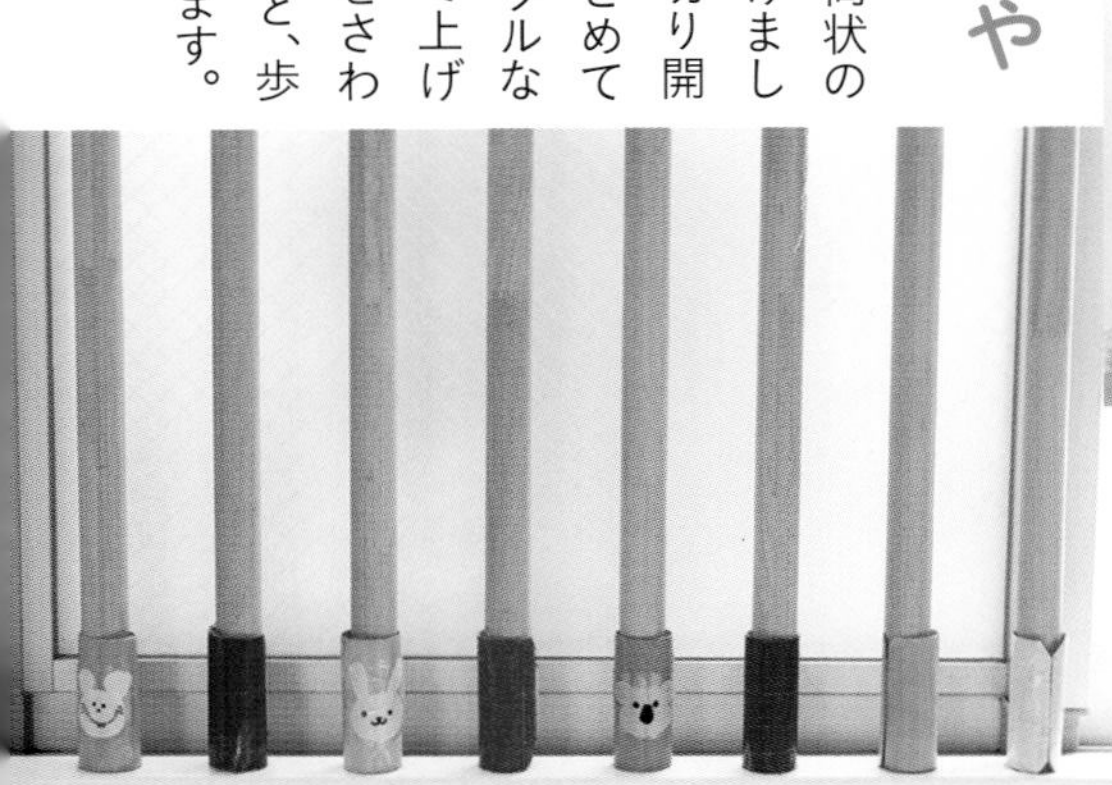

こだわりアイデア5

手作りのテーブルセットと食材

見立て遊びが増えてくる2歳児の保育室には、手作りのままごと道具を用意しています。色彩豊かなテーブルセットは牛乳パックと模造紙、透明テープで作りました。限られたスペースに合わせてコンパクトに仕上げています。

そのほかフェルト製の食材、3歳児がふわふわ粘土(軽量樹脂粘土)で作ったドーナツなどが使われています。

こだわりアイデア6

粉ミルクの缶を使ったベンチ

1歳児室の廊下に設置したベンチは、粉ミルクの空き缶12個を2列に並べて土台にし、模造紙で包んで透明テープでカバーしたものです。座面にはクッションとして2枚重ねのダンボールを入れています。頑丈なうえ、1歳児にちょうどいい高さで、靴の履き替えのときなどに使っています。簡単に作れるのもいいところです。

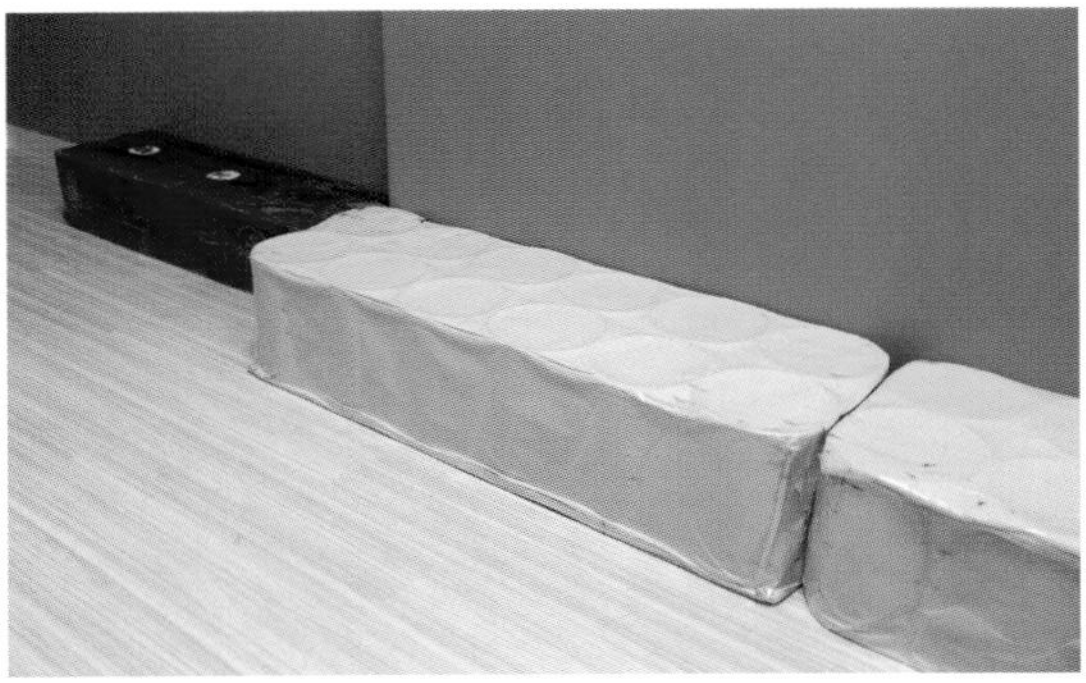

壁が背もたれになるように置いたベンチ。

陽だまりの丘保育園
（東京・中野区）

社会福祉法人龍美が2004年に開園。木の温かさ大切にしている園内で、子どもの言葉に耳を傾け気持ちに寄り添うことを大切にしている。0～5歳児、定員123名。

アイデアを紹介してくれた先生

園長曽木書代先生

こだわりアイデア1

乳児の好む色や形を取り入れた部屋

園庭から光が差し込む広々とした保育スペース、ゆるく区切って0～2歳児が使っています。窓にはトランスパレントペーパー（半透明の紙）やセロハンを使った作品が貼られ、部屋にきれいな影を映し出しています。大きな天蓋は天井を低く見せ、落ち着いた空間を作っています。天蓋の上にはカラフルな風船を乗せています。0歳が最初に興味を持つ形である丸（球体）と、赤・黄・青の3色をまず基本に取り入れるようにしています。このように認知の発達も意識して、環境づくりをしています。

窓に貼ったセロハンが、部屋にきれいな影を映し出す。

※園の情報、アイデアは取材した2019年4月時点のものです。

こだわりアイデア2

目ざわりにならず目立つ「迷子ハンガー」

早く持ち主の元に戻ってほしい落としもの。多くの人に見てほしいのですが、落としもの箱に入れたり棚の上にまとめて置いたりすると、どうしても見た目が汚ならしくなってしまいます。そこで、ハンガーとクリップを使った「迷子ハンガー」に吊るし、すっきり見せながら目立つように設置しています。落としものを「迷子」というのは、落とした人の気持ちに対するささやかな配慮です。

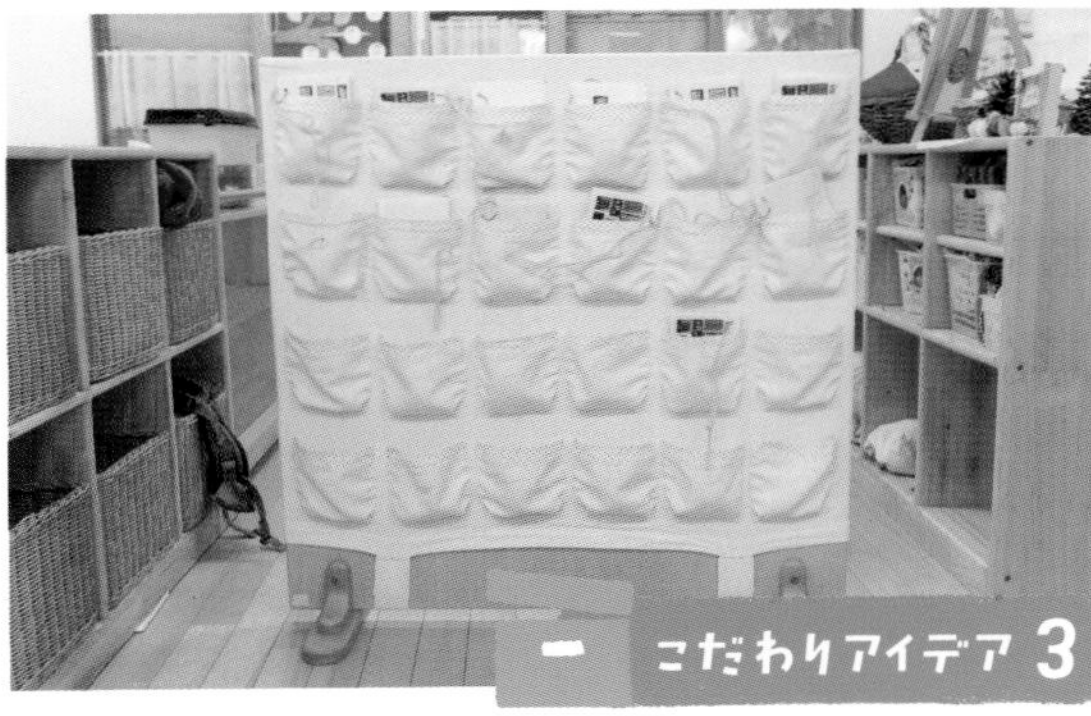

こだわりアイデア3

手作りだから使い勝手のいいウオールポケット

園には、保育者が手作りしたものがたくさんあります。パーティションに取りつけたウオールポケットもそのひとつ。パーティションのサイズを測り、作ったもので、スペースの有効活用にもなっています。24もポケットがついているので、子どものものを個人別にしまうのにも便利です。

こだわりアイデア4

いろいろな使い方ができる木のトンネル

ひときわ存在感を放つ木のトンネルは、木工業者の方にイメージを伝えて作製しました。ハイハイで通り抜けたり壁につかまってつたい歩きしたり、発達に合わせた使われ方をしています。反対側の出口から保育者が顔を出すと子どもたちは大喜び。国産材の風合いが保育室になじんで、大型遊具の圧迫感がありません。

0〜2歳児室に置かれた木のトンネル。

こだわりアイデア5

一人ひとりの生活時間が一覧できるボード

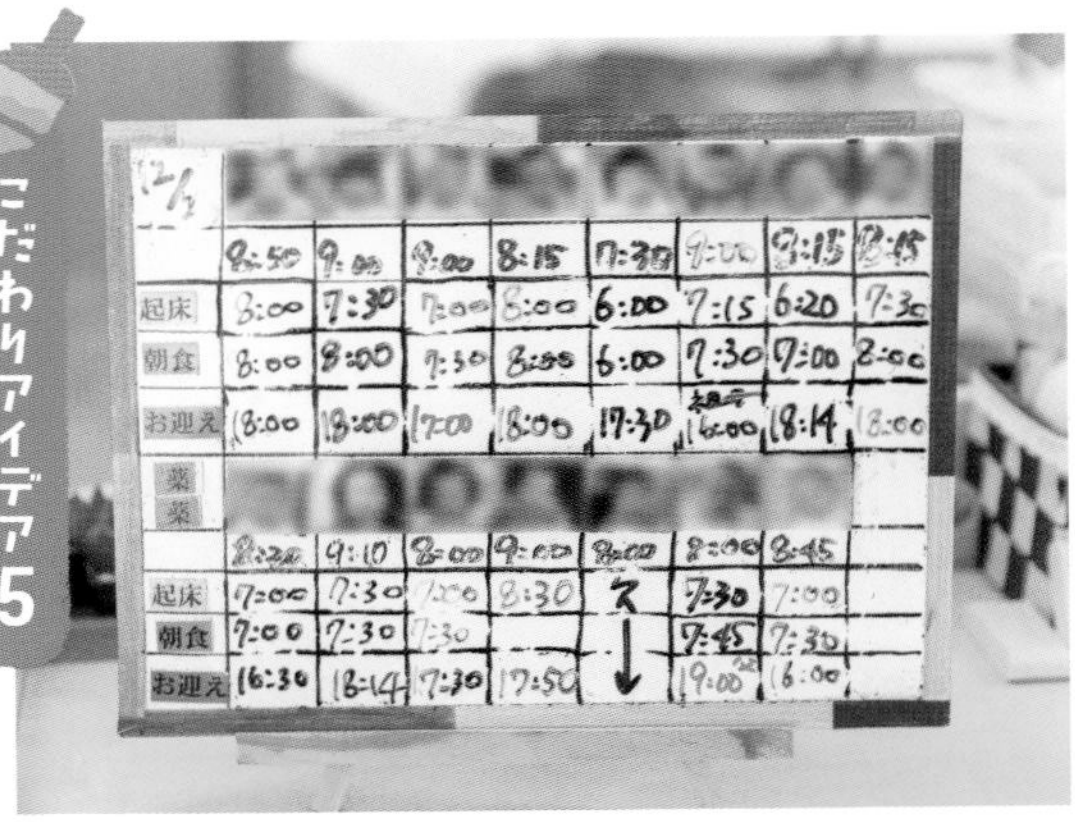

0歳児一人ひとりの睡眠、食事、お迎えの時間などがひと目でわかるように、毎朝連絡帳を見てボードに転記しています。お迎え時刻がふだんと違うときは赤字で記入します。これを見てミルクの時間を逆算したり、食事量の微調整をしたりします。生活リズムや体調は、それぞれに異なるということを再認識できます。

そあ保育園
（東京・葛飾区）

社会福祉法人砂原母の会が2007年に開設。さまざまな素材に触れる表現活動を大切にしている。0～5歳児、定員90名。2023年4月より幼保連携型認定こども園に移行。

アイデアを紹介してくれた先生

左から0歳児担当芦田茱里先生、柴りえ子先生、長島朋美先生。

左から1歳児担当紺野柚葉先生、千葉香織先生、岩井汐里先生。

※園の情報、アイデアは取材した2022年12月時点のものです。

床の青い部分がジョイントマット。

こだわりアイデア1

あえて凹凸のあるマットをチョイス

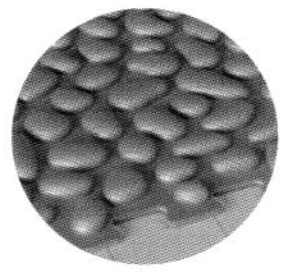

玄関の2～5歳児の靴箱の前に、表面に凹凸のあるジョイントマットを敷いています。靴を脱いで踏むと足裏が刺激され、足つぼマットのように気持ちがしゃきっとするような気がします。バスマットなどにも使われるＥＶＡ発泡樹脂製で弾力があり、踏んだときに痛くありません。

こだわりアイデア2

ねじ回しに意欲が湧くしかけ

1歳児室の背の低い棚の上に、ねじ回しの木製おもちゃを置いています。「ボルト」に「ナット」をひねりながらはめていく動作は1歳児には難しいですが、ボルトのほうを棚の天板に固定すると、子どもが何度もやってみようとする姿が見られるようになり、上手にできる子どもが増えました。

おもちゃは粘着テープで固定してある。

こだわりアイデア3

手が届くかもしれない高さの天蓋

意図的に低い位置に設けた1歳児室の天蓋は、背伸びやジャンプを促しています。保育者に励まされながら、子どもたちは手を高く伸ばしさわろうと、何度もジャンプして遊んでいます。ジャンプしても手が届かない子どもには、踏み台を用意し、保育者が援助します。

ウレタンマットを重ねて踏み台としている。

こだわりアイデア4

運びやすさ重視の着替え用ケース

3・4・5歳は「着替えはロッカーの前で行う」とは決めていません。活動中に服が汚れたらその場で着替えられるように、着替えの服を活動場所の近くに置くようにしています。

着替えはクラスごとに集めて、キャスターがついた衣装ケースにまとめてあるので、運ぶときの負荷は気になりません。

着替えが入った巾着袋が廊下に置かれている。

こだわりアイデア5

引っかける方式の蛇口カバー

手を洗うとき以外に子どもが蛇口をひねらないように、0歳児室の手洗い場の蛇口を隠す専用カバーを作りました。ダンボール箱の一部を切って、目立たない色の布粘着テープで全体を覆いました。

流し台に立てかけるのではなく、蛇口に引っかけて吊るすので、カバーをかけたままコップの水を流すことなどができます。コンパクトなサイズなので保育者は片手でかけたり外したりできますし、外したときにも場所を取りません。

蛇口カバーを蛇口に引っかける。

外した蛇口カバーを逆さまに置く。

こだわりアイデア6

うっかり寄りかかっても倒れないパーティション

ダンボール箱に水を入れたペットボトルや雑誌などを詰めて、重くて頑丈なパーティションを作りました。子どもが寄りかかっても、体当たりをしても倒れません。

写真の左側の黄色いパーティションは、布カバーをかぶせてあります。取り外すことができるので、汚れたら洗濯します。写真の右側は模造紙を貼り、縁を透明テープで補強しています。子どもが絵の具遊びをしたときの紙を再利用しました。

左のパーティションは高さ約60センチ、右は約75センチ。

わらべうた練馬高野台保育園

（東京・練馬区）

HITOWAキッズライフ株式会社が2015年に開園した認可保育園。各年齢の発達段階に応じた活動や、絵本とともに過ごす時間を大切にしている。0〜5歳児、定員80名。

アイデアを紹介してくれた先生

主任川田睦さん
※園内では保育者も子どもも「〇〇さん」と呼び合っています。

親子写真に名前、個人のマークが添えられている。

こだわりアイデア1

着替えを入れる引き出しに貼った親子写真

引き出しの正面に、名前、個人のマークだけでなく、親子で撮った写真を貼りました。このようにすれば誰の引き出しなのかが一目瞭然です。3月のお迎えのときに撮影を行い、毎年進級時に更新しています。おうちの方がいなくて寂しがっている子どもも、ここに来ると元気が出るようです。保育者にとっては、新入園児の保護者の顔がすぐに覚えられるメリットもあります。

こだわりアイデア2

園芸用回転台を利用したおもちゃ

DIYショップで見つけた園芸用回転台を壁に設置して、回して遊べるおもちゃにしました。ただ回すだけでも子どもは夢中になりますが、写真のように色紙を貼りつけると、さらに楽しいです。

回して色が変わるのも楽しむ。

※園の情報、アイデアは取材した2017年12月時点のものです。

こだわりアイデア3

年長クラスが卒園製作で作ったクラス名のプレート

各クラスの保育室や給食室の入り口に掲げたプレートは、年長児が、卒園製作として取り組んだものです。保育者がダンボールやフェルトの部分を用意し、子どもたちが綿を詰め、布を貼って仕上げました。

こだわりアイデア5

有孔ボードを利用して作った遊べるついたて

DIYショップで買ってきた有孔ボードで、ついたてを手作りしました。同じくDIYショップで買ったさまざまな形状の鍵やキャスター、鏡など、意外な道具が2歳前後の子どもにぴったりのおもちゃに変身しました。

クリスマスシーズンの装飾らしく、台紙は赤と緑を選んだ。

こだわりアイデア4

子どもの作品をガーランド風に飾るロープ

各保育室には、天井から麻製のロープが、洗濯ロープのように常時吊るしてあります。ゆるくたるませたロープには、子どもたちが描いた絵などを木製ピンチで飾り、ガーランド風インテリアとして楽しんでいます。

小学館アカデミー小石川保育園

（東京・文京区）

株式会社小学館集英社プロダクションが2011年に設立した認可保育園。愛情・信頼・認め合い・思いやりの気持ちを持ち、その気持ちのこもった行動が素直に表現できる心を育てる保育を行う。0〜5歳児、定員69名。

廊下側にある窓には、カフェカーテンを下げている。

こだわりアイデア1

遊びの世界を壊さない！目隠しカーテン

お迎えが続く夕方は、子どもたちが遊びに没頭している時間でもあります。「子どもたちの遊びの世界を壊したくない」との思いから、保育室の入り口にレースカーテンを下げることを思いつきました。引き渡しのコーナーと保育のスペースが明確になり、子どもたちは落ち着いて過ごせます。レースカーテンは無地のものですが、新緑を表現した緑の葉っぱのオーナメントを吊るしています。穴にひもを通す遊びを兼ねて製作した子どもの作品です。季節に合ったテーマで、毎月取り替えています。

こだわりアイデア2

1・2歳児の目線の高さを考慮したついたて

広い保育室を、1歳児クラスと2歳児クラスで使っています。スペースを仕切る長いついたては、高さを工夫して、1歳児と2歳児の視線が合わないようにしながら、保育者同士はお互いに声かけができるようにしています。

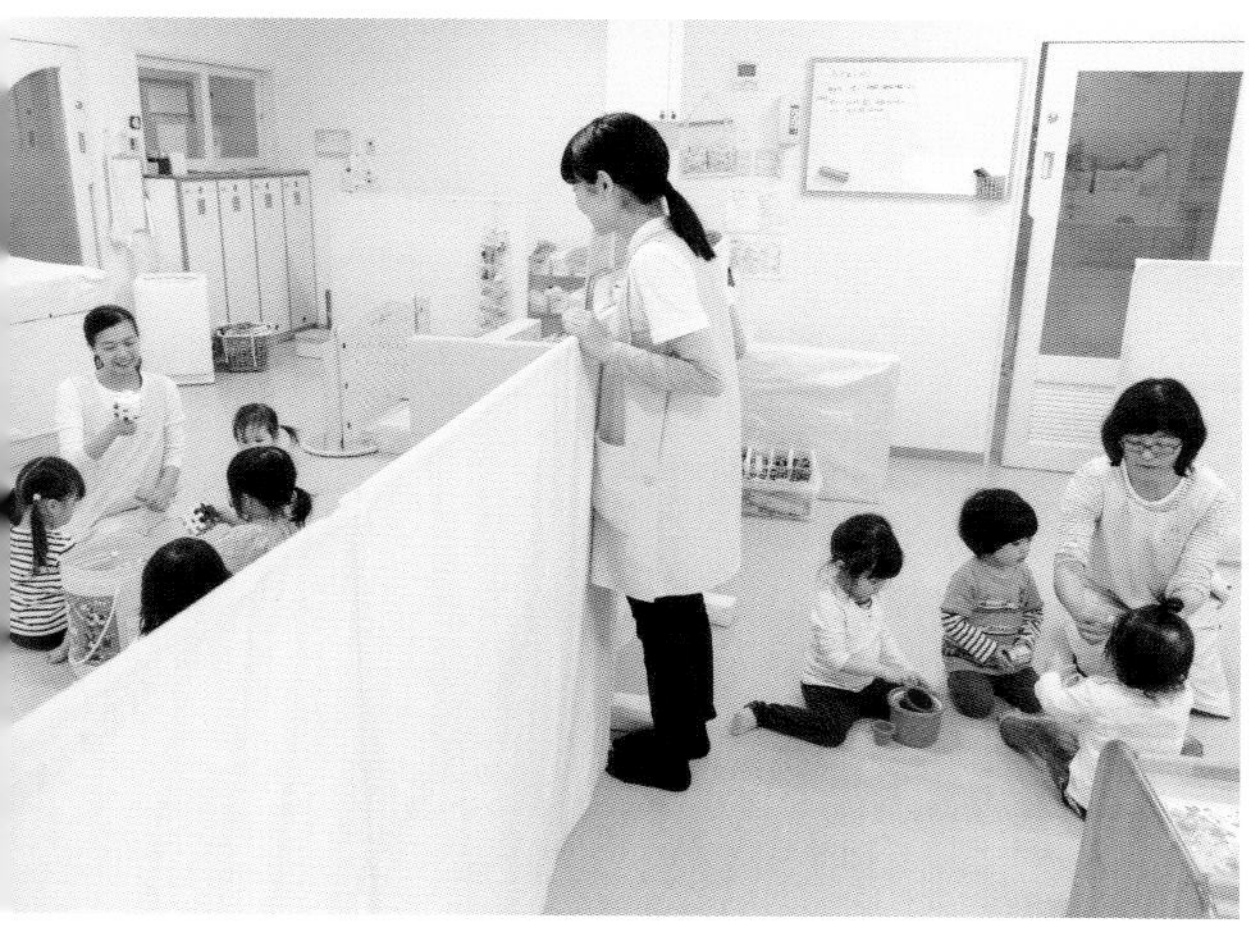

アイデアを紹介してくれた先生

2歳児担当愛称・ゆき先生

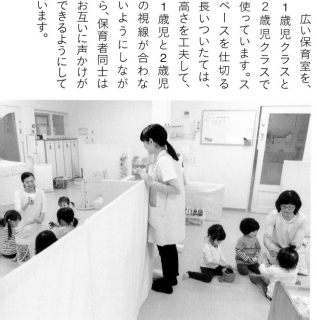

※園の情報、アイデアは取材した2018年5月時点のものです。

こだわりアイデア3

見立てのバリエーションが広がる シンプル食材

かつて「食材」は、ままごと用の玩具を揃えていましたが、見立てによってさまざまな食材になりうるものに切り替えました。子どもたちは、保育者の予想を超えた想像力を発揮しています。形は俵の形や円形などシンプルに、色はバリエーション豊富に用意しています。

1歳児は「食べる」が中心、2歳児は「調理」も含めて楽しんでいます。

棚には各食材の写真が貼ってあります。遊んだあとはそれを見ながら、子どもが自分で元に戻せるようにするためです。

2歳児の食材の棚。

1歳児の食材の棚。

1歳児のままごとスペース。

こだわりアイデア4

ふたはかぶせるだけのお弁当箱

ふつうのお弁当箱は、ふたを子どもの手で開け閉めするには難しいものが多いのですが、ふたをかぶせるだけでいい食品保存容器を見つけました。しかもふたが半透明なので、中の食材が見えるのもうれしいです。

こだわりアイデア5

ちらしや給食の献立写真で作ったメニュー

市販のフィルムタイプのアルバム台紙を利用して、レストランごっこのメニューを作りました。乳児向けなので角を丸く切り落とします。メニューの写真は、広告ちらしや給食メニューの写真を切り取り、貼りました。

認定こども園

こどものもり

（埼玉・松伏町）

1971年に「まつぶし保育園」、1974年に「まつぶし幼稚園」開園、1975年から異年齢保育、コーナー保育を開始。2007年に埼玉県認定第1号の幼保連携型認定こども園の認可を受けて2008年「こどものもり」としてスタート。温かな家庭のような生活の流れを大切に、異年齢保育、コーナー保育を行っている。0〜5歳児、定員165名。

大きなロフトベッド。

ロフトベッドの奥はままごと遊びの場所。

こだわりアイデア1

ごっこ遊びのコーナーの ロフトベッド

認定こども園こどものもりではクラスの仕切りを取り払い、広々としたオープンスペースにしています。そしてごっこのコーナー、造形のコーナー、表現のコーナーなどを設けています。ごっこのコーナーの真ん中に置かれた大きなロフトベッドの下は、赤ちゃんルーム(お世話ごっこの場所)。赤ちゃん用ベッド、赤ちゃんの着替えや寝具などを豊富に取り揃えてあります。

ベッド下の片側には大きな布をのれんのように吊り下げ、その奥にあるままごと遊びの場所とゆるく仕切っています。子どもたちはときどき布をめくって、ままごと遊びの子どもとのやりとりも楽しんでいます。

こだわりアイデア2

廊下の真ん中に 植木鉢

見通しのよい廊下は子どもにとってつい走り抜けたくなるものですが、途中に植物が置いてあれば、自然とスピードを落としてよけます。保育者は「走っちゃだめ」など、禁止の言葉を使わずにすみ、子どもも「注意されるから」ではなく、自発的に走ることをやめます。

こだわりアイデア3

食事別の手拭き&スタイ入れ

0・1歳児室では1テーブル3〜4人のグループで食事をとりますが、手拭きとスタイは朝のうちにグループ別、食事別の箱にセットしておきます。2度のおやつと昼食用に、毎朝3セット作っておきます。朝のこのひと手間で、慌ただしい食事の準備がぐんと楽になっています。

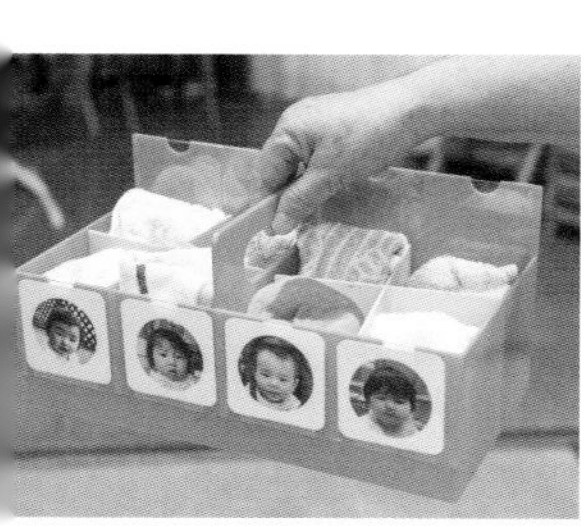

8つに区切られた箱に、4人分の手拭きとスタイがセットしてある。食事のたびに、箱ごとテーブルに運ぶ。

アイデアを紹介してくれた先生

前列左から造形のコーナー担当高橋香先生、自然のコーナー担当平野遼先生、クロークコーナー担当若盛祥世先生。
後列左からごっこ、表現コーナー担当篠田彩先生、外のコーナー担当仁平和也先生、園長若盛圭恵先生。

※園の情報、アイデアは取材した2022年9月時点のものです。

完成写真（左）と実際のパズル。

パズルの収納棚。

こだわりアイデア4

布を敷いて静かに遊べるパズル用テーブル

パズルの収納棚の隣にパズル遊び専用のテーブルを置いています。木製パズルのピースがぶつかり合う音は案外響くものですが、テーブルクロスの布を敷いたらあまり響かなくなりました。

各パズルには完成写真を用意し、見ながら遊べるようにしています。完成写真は、収納場所の目印として活用しています。

こだわりアイデア5

手作りのキャスターつきパーティション

遊びの状況に応じて臨機応変に空間を仕切れるように、キャスターつきのパーティションを作りました。子どもが押しても倒れず、子どもの視界を遮る高さがあり、遊びに集中することができます。さわってほしくない水道の目隠しや、子どもの動線の誘導などにも使います。子どもが簡単に動かせない重さがあります。

材質はベニヤ合板。子どもの写真を吊るしたり絵を貼ったりしている。

こだわりアイデア6

画材や素材が機能的に収められた造形用ワゴン

造形のコーナー（アトリエ）にはワゴンを置き、画材や素材を収納しています。画材はプラスチックの空き容器や荷造り用ひもなどの素材にも描けるように、油性ペンを多く揃えました。テーブルを汚さないよう、画用紙をラミネート加工した手作り下敷きも備えてあります。ひも類は、巻きごと持ち出すと落としたときにほどけてしまうので、ふたつきの箱に入れてあります。箱の端にあけた穴から必要な長さだけ引き出して、その場で切って持っていくようにしています。

ひも類を入れた箱（ふたを開けたところ）。

油性ペンを使う際の下敷き。

監修

百瀬 ユカリ ももせ・ゆかり

日本女子体育大学体育学部子ども運動学科教授。博士（社会福祉学）。専門は保育学、幼児教育、保育者養成。著書『よくわかる保育所実習[第六版]』（創成社）、監修『保育の仕事がマンガでわかる　新人保育者物語　さくら』（村上かつら作／小学館）などがある。

協力園

あまねの杜保育園（千葉・船橋市）
おおぎ第二こども園（埼玉・入間市）
カミヤト凸凹保育園＋文化教室（神奈川・厚木市）
清瀬どろんこ保育園（東京・清瀬市）
こどもの王国保育園東日本橋園（東京・中央区）
小学館アカデミー小石川保育園（東京・文京区）
墨田区立中川保育園（東京・墨田区）
世田谷代田 仁慈保幼園（東京・世田谷区）
そあ保育園（東京・葛飾区）
太陽の子赤坂保育園（東京・港区）
多摩川保育園（東京・大田区）
東京家政大学ナースリールーム（東京・板橋区）
にじのき保育園（千葉・市川市）
認定こども園あかみ幼稚園・メイプルキッズ（栃木・佐野市）
認定こども園こどものもり（埼玉・松伏町）
練馬区立石神井町さくら保育園（東京・練馬区）
野中こども園（静岡・富士宮市）
鳩の森愛の詩瀬谷保育園（神奈川・横浜市）
陽だまりの丘保育園（東京・中野区）
宝光保育園（東京・日の出町）
まちのてらこや保育園（東京・中央区）
まちの保育園 六本木（東京・港区）
めぐみ第二保育園（東京・府中市）
わらべうた練馬高野台保育園（東京・練馬区）
（五十音順）

アートディレクション／石倉ヒロユキ
デザイン／上條美来、和田美沙季
編集／『新 幼児と保育』編集部（阿部忠彦、佐藤暢子）
撮影／丸橋ユキ
執筆／丸橋ユキ、佐藤暢子
校正／松井正宏

本書は『新 幼児と保育』（2021年4／5月号～2023年春号）、『0・1・2歳児の保育』（2018春～2023春）に
掲載した記事に加筆し、再構成したものです。
掲載した写真は、一部加工したものがあります。

新 幼児と保育BOOK
試してみたくなる「となりの園」の工夫とアイテム
保育室にはアイデアがいっぱい

2023年5月22日　初版第1刷発行
2024年2月26日　　第2刷発行

発行人　北川吉隆
発行所　株式会社 小学館
〒101-8001 東京都千代田区一ツ橋2-3-1
編　集　03-3230-5686
販　売　03-5281-3555
印刷所　TOPPAN株式会社
製本所　株式会社若林製本工場

ISBN978-4-09-840228-1